中旅教育

现代乡村民宿

经营与管理实务

Airbnb爱彼迎中国专家委员会 著

中国旅游出版社

《现代乡村民宿经营与管理实务》
编 委 会

主　　编：彭　韬

执行主编：程　冰

副 主 编：安　丽　蔡　红　王　俞　者亚轩

编写组成员：仲一鸣　朱中和　桑梦雨　杨国栋　邱玮玮　于诗冉　赵宸男
何志贵　陈丰媛　吉东瑜　朱泓洁　刘云婷　谭学琳　林　辰
黄　萍　黄　震　李　强　向　丽　刘　昂　李明月

序 言

中国正在经历快速城市化的过程。农业生产市场化程度低，农村人口和资源向城市流动，农民的收入偏低且与城市存在一定差距等，这些问题都是发展中的问题，需要全社会共同努力解决。

旅游业是世界经济中发展势头最为迅猛的产业，是促进经济增长和减缓贫困的重要工具。在中国，近年来，随着人们旅行需求的不断增加，出行的广度和深度有所提升，旅游业效益向更广阔的乡村地区传播。利用乡村现有闲置住房资源，依托绿水青山发展乡村民宿具有成本低、见效快、适用广的特点。互联网平台的介入更是降低了交流的门槛，增加了沟通的效率，使得中国乡村与全球游客相联结。

近年来，中国乡村民宿产业发展迅猛，诞生了浙江莫干山、广西桂林等一批民宿集聚区，形成了相当的产业规模。在爱彼迎的乡村实践中，我们发现了民宿对乡村旅游的贡献，也在思考从哪些方面可以更好地发挥民宿在丰富旅游产业供给、满足游客需求方面的作用。如何提升乡村民宿经营者的管理水平？如何提升乡村民宿参与者的旅游接待技能？如何改善乡村民宿供求关系矛盾？如何增加乡村旅游产品吸引力？这些课题爱彼迎从实践中不断摸索，致力于提供更加完善的解决方案。当前的中高端乡村民宿多为城市人经营，他们来到乡村投身旅游业，贡献了自己的才智和力量，自己过上了向往的生活，也对乡村居民参与旅游业起到了积极的带动作用。村民受到感召，想投身民宿经营，但苦于缺乏管理经验，不了解市场需求，尤其是不了解城乡生活方式的差异，使得他们自己“开发”的产品难以适应现代游客的消费需求。

2017 年起，爱彼迎在桂林龙脊地区进行了共享民宿的旅游扶贫实践，将村民传统住房变为特色民宿，为村民提供运营培训。项目实现了全民分红，提供了“共享经济 + 旅游减贫”的新模式。项目从 2017 年 10 月至今，已累计开展 50 余场培训。村民管家从零开始，达到能够完全独立经营民宿的水平，运营至今几乎全五星好评，并在最短时间内获得了“超赞房东”的称号。基于培训实践的经验总结，爱彼迎联合高校专家编写本书，在湘西、黔东南等地区对村民开展实践教学，对内容进行检验和完善，力求通俗易懂、实操性强。衷心希望本书能真正帮助到村民参与乡村民宿经营。

本书的编写得到了桂林旅游学院及爱彼迎专家委员会的大力支持，在此表示衷心的感谢。

爱彼迎中国总裁

彭韬

2019 年 9 月 20 日

前　言

近年来如火如荼的民宿实践，加持了扶贫脱困、乡村振兴的政策红利，在大江南北的田间地头兴起了一股民宿飓风。来自都市的中产白领、流浪艺人、投资商、投机者，来自乡村的新乡贤和富裕能人，纷纷被吸引进这股潮流之中。风向之下，作为长期关注非标住宿业态的旅游学界，我们也一直在思索，民宿怎样才能善用资本，而又不会沦为被资本收割的韭菜？民宿如何才能服务社区，真正让原住民参与进来，做到利益共享？刀耕火种的原住民社区需要哪些知识和能力的培养，才能成长为新一代乡村民宿主？

这些问题同样被有社会责任感的业界所关注。2017 年年底，分享住宿领域的巨头爱彼迎在桂林龙胜开始了一场民宿扶贫实践。近两年过去，在政府、业界、学界和原住民社区的共同努力下，一栋基于分享住宿理念的民宿、三名朝气蓬勃的乡村民宿管家、一个被民宿发展深刻影响的村落、一本关于现代乡村民宿经营与管理的实务教材、一个可复制的乡村民宿可持续发展模式，成为这场乡村实践的主要成果。

桂林旅游学院在项目中主要承担了培训的任务，套用比较时髦的词汇是“民宿扶智”。面对乡村民宿培训这个几近空白的领域，项目团队一边做教材，一边做实践，走出了一条不断探索又不断完善的道路，可以用两个“三位一体”去总结和概括这条扶智的道路，将其大致分为两个阶段。

第一阶段是项目正式投运前。这个时期的培训以务实的技能培训为主，但结合了理念引领和知识导入，我们为村子里的妇女（男性基本在外务工）办了 3 期培训班，从客房清洁、中式铺床到餐饮服务，再到结合当地食材的烹饪料理。3 期培训班，既让我们经历了村民从陌生排斥到逐渐接受的过程，也让我们看到他们对新生活的向往和对知识的渴求。不过，客观来说，这一阶段的培训也走过弯路，如关于现代服务理念、分享经济理念的注入，需要一个长期的过程，而植根于传统酒店的培训项目又并不完全和民宿的需求合拍。比如，折花、摆台和站姿、坐姿、走姿的礼仪培训，既不太符合乡村民宿的特点，也不吻合这个壮族村落既有的气质。在知识导入方面，这个阶段我们出了一本图文并茂的小册子，从时间轴的角度去讲述一个民宿从选址、设计到营销、运营的过程。

第二阶段是项目投运后。吸取了第一阶段的经验和教训，我们把第二阶段的培训分为在岗培训、提升培训和主客共享的智慧分享三个部分。一是与专业的民宿管理公司“瓦当瓦舍”合作，制订了系统的培训方案和模块，结合岗位需求，不间断地进行在岗培训。二是针对乡村管家的难点、痛点，进行提升培训，如针对乡村管家不善言辞、不懂沟通的问题进行了沟通技巧和服务流程的提升培训等。三是希望在民宿的经营过程中，借助分享的理念，通过乡村管家和南来北往的客人间的沟通，将传统的对客服务真正转换为主客互动、主客共享，既让城市的客人感受到淳朴的乡情、原味的食材、富有特色的壮族生活和灿烂星空，又能够让管家和乡村感受到现代都市的文明，得到视野的拓宽和理念的提升。

第二阶段的一个重要成果，是我们把模块化的内容进行了细化和充实，形成了拥有9个模块，涵盖民宿概述、安全、服务、沟通、餐饮、客房、财务、民宿体验、网络营销等内容的系统化的教程。这份植根于乡村民宿实践的教程，经过了龙胜、黔东南、湘西民宿培训的检验，如今，真正成长为一个可以帮助和指导民宿从业人员的鲜活的师友。

我在培训中曾经为菊花、艳会、艳雪三位民宿管家录制了一段视频，初时还不善言辞的她们对未来满怀感情地做了描绘。我衷心地希望：江边民宿真正可以成为她们梦想起飞的舞台；也希望更多的符合民宿经营条件的乡村，可以因为民宿，摆脱贫困，走向富足。

最后，感谢在这本书编写过程中提出宝贵建议的专家席建超教授、王俞教授、者亚轩教授，感谢在成书和培训过程中做出辛苦努力的我的同事们，他们是：何志贵、陈丰媛、吉东瑜、朱泓洁、刘云婷、谭学琳、林辰、黄萍、黄震等。

桂林旅游学院继续教育学院院长　程冰

2019年9月27日

目录

CONTENTS

模块一
民宿概述

案例 1

Airbnb 爱彼迎的由来

2007 年秋天，有一场设计师大会在旧金山举行，酒店的房源供不应求。两个毕业于美国罗德岛设计学院的学生——布莱恩·切斯基（Brian Chesky）和乔·格比亚（Joe Gebbia），看到这种情况，想到了一个新点子：把自己的公寓变成一个提供住宿和早餐的民宿，在 4 天的会议期间，给来参会的设计师们提供无线网、小工作桌、充气床还有早餐！

两人迅速行动起来，把 3 个充气床摆在房间里，这里入住的第一批客人——2 名男士和 1 名女士，每人向房东支付了 80 美元的房租。

从此之后，布莱恩和乔看到了在线短租的前景，拉来工程师朋友内森·布莱查奇克（Nathan Blecharczyk）入伙开始创业（图 1.1）。

他们就是今天世界上最大的分享住宿平台 Airbnb 爱彼迎的创始人。Airbnb 爱彼迎的诞生，也将分享住宿的理念传播到了全球各地。

▲ 图 1.1　Airbnb 爱彼迎的创始人

问题

民宿除了提供基本的食宿服务外，还可以提供什么呢？

一、民宿待客理念

（一）什么是民宿？

我们来看看民宿的概念：

利用当地民居等相关闲置资源，经营用楼层不超过 4 层，建筑面积不超过 800 平方米，主人参与接待，为游客提供体验当地自然、文化与生产生活方式的小型住宿设施（参见《旅游民宿基本要求与评价》（LB/T 065—2019）。

难点解析

1. 民宿的三个特点

利用当地民居等相关闲置资源，民宿主人参与接待，为游客体验当地自然、文化和生产生活方式（在地性）。

（1）闲置资源包括哪些？

如果你长期出门打工，家中有独栋房屋闲置，这个房屋就具备了经营民宿的基本要求，这是时间上的闲置资源。

如果你有房间闲置，这些房间也可以加以改造，用于民宿经营，这是空间上的闲置资源。

利用好房屋在时间上和空间上的闲置，是民宿的重要特点之一。

（2）主人参与："民宿主人参与接待"。

民宿主人包括哪些人？

一般来说，民宿主人包括民宿业主或经营管理者。

（3）在地性是什么？

简言之，在地性就是民宿具备的本地化特点，如农耕的生产生活方式、自然资源、风俗民情、特色美食、仪式节庆等。本土最寻常的器物或风俗，往往就是客人眼中最迷人的风景。所以，衡量民宿成功与否的一个重要标志，就是能否把本地文化元素运用到民宿的设计、餐饮、体验中去。

2. 民宿的主人文化

在小体量的民宿里，主人参与接待是非常核心的特点，在频繁的互动中，民宿主人与客人分享当地的风土人情，分享自己的人生起伏、遭遇及经验，为客人当司机、导游，亲自下厨等，这些实实在在的体验，往往会给客人留下动人、感人的记忆（图 1.2）。

▲ 图 1.2 民宿主人与客人交流分享

当然在民宿里主张主人文化，也要把握一个度，这个度就是主人文化的价值取向一定要适应与顺从社会大众的消费习惯，符合主流价值走向。另外，这种主人文化必须是善意的、温柔的、和谐的，无论是视觉还是体验，都能与消费者共享。

（二）什么是民宿的待客理念？

如果说酒店的待客理念是“顾客是上帝”，那么民宿的待客理念则是“客人是来家里做客的朋友”，既然是来家里做客，那么主人肯定会把家里的特色自豪地展示给客人，这就是民宿接待对应的在地文化元素；主人也肯定会热情地对客人进行接待，奉上好酒好肉，尽量不怠慢客人，这就是民宿接待对应的“让客人满意”的元素；而主人文化则贯穿在整个接待之中，即主人的心态、主人的胸怀、主人的自豪，以及主人的谦虚。民宿的主客关系体现了民宿最重要的特点——主人是民宿的灵魂。

爱彼迎每年都会颁发“房东奖”（Host Award），用以表彰在热情好客方面表现出色的房东。看看他们是怎么践行主人文化的吧（图 1.3）。

▲ 图 1.3　民宿主人接待

广州超赞房东林志豪

2017 年，定居在广州的志豪成了一名爱彼迎的房东。他将家里的一间屋子腾了出来，与房客共享一套房源，还搜集制作了一些攻略，为来广州旅行的房客推荐当地美食、景点、文化。他说自己经营爱彼迎房源的初衷是能够招待远方的朋友，让他们可以更好地体验广州老街区的烟火气，从而带来“生活在别处”的踏实与温暖。

曾有一对从上海来广州游玩的母女入住志豪的房源，但这次游玩对她们来说只是一次尝试，因为之前对广州的印象不太好，她们觉得广州还“停留在港片时候的样子，治安很乱”。于是志豪第一时间向她们介绍了附近街区的情况，可以让她们感受到旧广州街区建筑的魅力以及本土居民的生活日常，而阿姨也分享了她对老上海的回忆，这次交谈拉近了彼此的距离。志豪还根据她们的情况定制了专属的美食线路图。几天之后，这对母女对广州的印象大有提升，在临走的时候，女儿还表示下次要带着爸爸全家一起来住。“让从不同地方来到这里的人，感受到广州的魅力，真的很开心。”志豪觉得，自己给广州这座城市做了一次代言，而通过接待这些房客，志豪在这个有归属感的地方，给自己多了一个看待世界的角度。

韩国光州房东英姬

英姬经常用新鲜的野花装饰房子，每天早晨准备美味的早餐，并带领房客以他们喜欢的方式体验当地文化和环境。她的一些房客在评论中提到，这对和善的夫妻带他们去杂货店购物、去博物馆参观，甚至还去徒步旅行（图 1.4）。

▲ 图 1.4　韩国超赞房东英姬

美国夏威夷房东莫米

莫米的女儿会用房客的语言制作欢迎牌，上面还用夏威夷语写上房客的名字。此举深得房客欢心，他们还会拿着欢迎牌拍照。

二、民宿基本要求

表 1.1　民宿的基本要求

基本要求	主要内容	是否符合
安全	要遵守相关安全标准及防火规则，确保客人在入住期间的人身安全、财产安全、房屋自身安全以及房东财产安全。	是 or 否
方便	确保客人要有自己的备用钥匙。	是 or 否
隐私	为客人提供独立、有门锁、有封闭的视觉遮挡、可单独内部闭锁的房间，保证客人隐私。	是 or 否
睡眠设备	为客人提供舒适的床垫、枕头和干净的床单。	是 or 否
洗浴	洗手间、淋浴设施齐全，提供肥皂、毛巾、手纸、垃圾桶。	是 or 否
交通	民宿位于公共交通可以到达的区域。	是 or 否
吸引物	民宿所在区域能够提供吸引客人的体验（美食、文化），或邻近知名的旅游景点（文化或自然景点）。	是 or 否
电力和照明	客房应有照明设备，如果家里没有电力和照明设施，则应在平台房源信息中标明。	是 or 否
厨房	如有厨房会更有利。	是 or 否
无线网络	如有无线网络会更有利。	是 or 否
早餐	如可提供早餐会更有利。	是 or 否
指南手册	房东应考虑放置一本指南手册，其中包含民宿的详细信息，以及一张包含当地景点、商店和社区设施的地图。	是 or 否
迎客	个性化体验是客人选择民宿的重要原因，主人亲迎能更好满足客人需求。	是 or 否
邻里关系	房东应和邻居确认，保证客人与邻居关系的和谐。	是 or 否

难点解析

1. 交通和吸引物

虽然很多乡村做好了开办民宿的准备，但有一点必须清楚：**不是所有的乡村都适合经营民宿**，交通和吸引物是决定乡村是否可以从事民宿行业的重要条件之一。

（1）交通：距离主要的客源地 3 小时交通圈之内，距离高速公路入口较近，有较好的乡村公路可以到达（图 1.5）。

▲ 图 1.5 特色交通

（2）吸引物：附近有比较优质的自然或人文旅游资源，或乡村本身在民俗、村貌、手工艺传承等方面具有吸引力。

要注意的是，如果乡村具有非常优质的旅游资源，那么即使交通条件差一点，也可以吸引到一定的客人，但如果资源很平常，交通区位也一般，也不具备做营销爆点的可能性，那就要认真思考是否继续从事民宿业了。

2. 安全

安全重于一切，民宿行业的安全牵涉方方面面，如客人人身、财务安全，客人隐私、民宿防火、突发事件应对等，本书会用专门的章节介绍安全的重要性（见模块三）。

▲ 图 1.6 钥匙交接

3. 其他方面

根据 Airbnb 爱彼迎的统计，获得好评的民宿通常注重五个方面：清洁水平、必要的便利设施、准确的房源信息、顺畅的入住过程、积极的沟通。

（1）清洁水平：干净指数

基本要求：

① 请打扫客人可使用的所有空间，特别是卧室、浴室和卫生间。确保地面上没有毛发、灰尘或发霉。

② 在两拨儿客人入住之间做好打扫工作，清理干净上一拨儿客人留下的垃圾、食物和余留物品。

③ 为客人提供干净的床上用品（图 1.7）。

▲ 图 1.7（a） 整理床铺

▲ 图 1.7（b） 整理毛巾

▲ 图 1.8 部分便利设施

④ 保持公共区域的卫生，特别是公共卫生间。

⑤ 保持厨房卫生，提供清洁、卫生的餐具和食材。

（2）必要的便利设施

建议所有民宿提供必要的便利设施（图 1.8）以供客人使用，让他们能舒适入住，享受一晚美好的睡眠。

① 基本要求：

- 卫生纸；
- 肥皂（或洗浴用品）；
- 床套 / 床单；
- 每位入住客人至少有一条浴巾；
- 每位入住客人至少有一个枕头；
- 无线网络；
- 热水壶；
- 稳定持续的电力供给；
- 24 小时热水；
- 制冷及制暖设备。

② 增值服务：

- 洗衣机；
- 自助餐具；
- 停车场；
- 乡村土特产；
- 当地的旅游指南或乡村文化展示；
- 民宿周边体验。

（3）准确的房源信息

在旅程开始前，确保客人对房源有合理期望，这能帮助客人拥有更好的体验。可以向客人清晰说明房源信息，如是否允许携带宠物入住，以帮助他们决定房源是否满足他们的需求。

基本要求：

- 精确、及时地更新房源地址（客人在预订后才会收到该信息）；
- 卧室和浴室有隐私保障；
- 房源照片准确反映房源情况和布局；
- 便利设施与描述相符，方便使用且性能良好（图 1.9）。

▲ 图 1.9（a）（b）（c） 龙脊江边民宿

（4）顺畅的入住过程

在一天的旅行后，清晰简单的入住流程会让客人感到非常省心。客人会在住宿结束后评价他们的入住过程（图 1.10）。

▲ 图 1.10（a） 引领入住

▲ 图 1.10（b） 发放用品

注意事项：

- 为房源制订入住指南，在客人入住前 24 小时把入住指南发送给客人，方便客人顺利入住；
- 如果计划亲自在房源迎接客人，请务必提前协商好入住时间；
- 如果你的房源提供自助入住，请在房源页面的客人资源一栏添加自助入住的详细信息；
- 提供民宿联系方式；
- 为客人提供前往房源的详细路线；在入住指南中详细列明相关信息能为民宿管家及客人节省时间。

（5）积极沟通

保持在入住期间和客人的积极沟通。具体包括入住前、入住后、离店后的沟通（见模块二），以及出现投诉和负面评价时的沟通（图 1.11）（见模块七）。

▲ 图 1.11　民宿主人与客人交流

三、民宿开办前的准备

在开办小体量的乡村民宿时，民宿房东往往没有定位的概念，或者产生了是否需要以及如何进行市场调研、细分、定位的困惑；对民宿开业前要做哪些准备，他们也并不清楚。在此，我们想结合案例，提供一个最基本的参照框架。

▲ 图 1.12　接您回“家”

（一）简单的市场调研

▲ 图 1.13　村落一览

主要是做同行、客人和资源的调查。了解周边有多少家民宿，软硬件如何，基本的价格区间是多少，基本的入住率，了解客人主要来自哪个地区（地级市、省会城市还是一线大城市），了解自身村落是否有足够具有吸引力的自然和人文资源（图 1.12 和图 1.13）。

难点解析

如果你周边已经有一些民宿在经营，而且有固定的客源，那么你可以参照这些民宿来确定你的定位，开办一家有自身特色的乡村民宿。

如果你周边还没有已开业的民宿，那你无疑要更加慎重，周边的资源要足够好，交通要足够便利，还要找到能够引爆营销的热点，这无疑对乡村民宿房东有着更高的要求。

案例2

小蒙的民宿

小蒙是桂林龙胜马堤乡的村民，村落是木结构建筑的苗寨，附近是一处远近闻名的高山草甸和风力电站，这几年经常会有来自桂林、南宁甚至广东的自驾车客人来这里游玩。半年前，她看到周边有几户村民做起了民宿，就萌发了做民宿的念头。她了解到：村里的几家民宿房间都在 10 间左右，价格每间在 100 ~ 150 元，平时客人不太多，但周末和节假日客人会很多，价格也可以提高到每间 200 多元一晚。她决定也把自己的房屋改造成民宿来经营。

难点解析

案例中，因为附近有较好的旅游吸引物，小蒙村落已经形成了初步的民宿聚集，也有了一定的客源，客源来自周边的中心城市，部分来自广东，价格在中低端区间。小蒙的民宿参照这些信息进行了初步的定位（图 1.14）。

▲ 图 1.14　案例 2 中民宿周边景观

（二）查找自身的优势

在对市场有了基本了解之后，很重要的一点是要充分挖掘自身的优势，如果你家里的老父亲是村里著名的手工艺传承人，或者你的村子有着很丰富的民族特色，那你可以利用这些优势，把它放大到民宿的设计和未来的运营、营销中去，形成具有鲜明特点的在地文化和主人文化。

案例2

小蒙的民宿（接前）

村里的几家民宿大同小异，都是木结构的房子，提供着相近的客房和餐饮。小蒙想让自己的民宿与众不同，她想到了自己的苗族民族特色。她在墙上挂上了苗族蜡染的挂毯。迎宾时会为客人送上一碗水酒，提供唱山歌的体验活动等（图 1.15）。

▲ 图 1.15　案例 2 中民宿的改造

（三）民宿设计、改造、定价、购买物料

在上述基础上，进行民宿的设计和改造，对民宿进行定价（见模块六），根据当地政策申办有关证照，使民宿符合运营的基本条件。

案例2

小蒙的民宿（接前）

结合初步的定位和自己的优势，小蒙对自己的木结构房子进行了改造，除了增加上述特色外，她也注意到木结构房子在隔音和防潮方面的劣势，所以她决定将房子的内部结构改造成砖混结构，然后铺上木地板，外部装饰则保持不变。同时，小蒙购置了客房、餐厅、公共区域需要用的设备设施用品。定价方面，她主要参照了其他民宿的价格，也结合成本、利润定价法，根据淡旺季将价位定为 168 ~ 288 元。并按照当地政府的要求，办理了有关证照。

（四）试运营

开业前的试运营可以检验房间内各种设施的质量，如水电是否可以承担满负荷的运转，服务的体验是否较好等，可以邀请一些城市里的朋友或推广期可能接触的团队客户来参加试运营。

案例2

小蒙的民宿（接前）

小蒙在开业前邀请了桂林的朋友、龙胜的同学过来体验，大家总体感觉还不错，就是两个房间的浴室下水比较慢，洗淋浴的时候会淹到脚面。另外，人多的时候，上菜比较慢。小蒙根据这些情况对下水设施进行了修缮，并增加了两个煤气灶台，也和村里做饭比较好的师傅打了招呼，人多的时候，会临时请他们过来帮忙（图 1.16）。

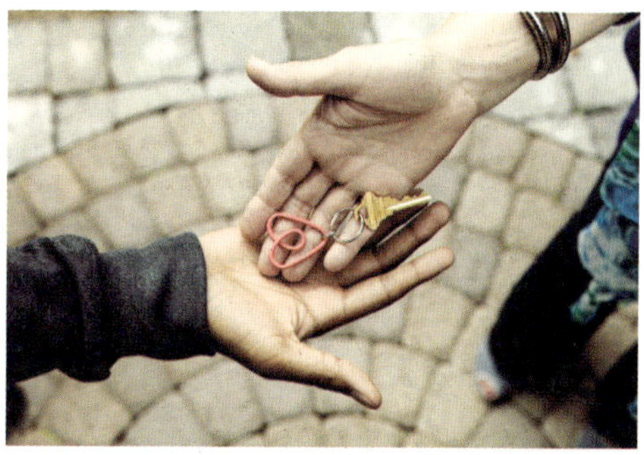

▲ 图 1.16 试运营体验

（五）民宿营销

主要分为民宿的线上营销（在线旅游商、民宿分享平台、自媒体）和线下营销。关于 Airbnb 爱彼迎 App 的使用，本书模块九部分进行了具体的讲解（图 1.17）。

线下的营销主要包括：

- 与景区、旅游企业、载客司机合作，推广民宿信息；
- 与当地其他民宿合作，联合推广；
- 在路口设置标志性广告牌，吸引过路客人；

▲ 图 1.17（a） 江边民宿宣传书签

▲ 图 1.17（b） 江边民宿宣传书签

- 与主要客源地摄影协会、户外俱乐部、自驾车俱乐部、自然教育机构等，联合开展一些主题促销活动。

案例2

小蒙的民宿（接前）

民宿要开业了，小蒙将房源在 Airbnb 爱彼迎 App 上进行了上线；线下方面，和村里载客的司机谈好了合作，把印制的广告单页放在载客的车里、附近路边的餐厅和一些关系不错的民宿里，广告单页主打苗家特色。民宿上也挂起了广告牌。这些营销活动为小蒙带来了客源，下一步就是如何做好服务，做好口碑了。

难点解析

1. 定位

民宿开业前做好民宿的定位很重要，好的定位会帮助民宿房东，尽快形成自己的特色，找到客源。关于定位，有产品导向和需求导向两种思考方式，一种是根据自己的产品去寻找客人，另一种是根据客人的需求来打造产品，满足客人。对小体量的乡村民宿来说，因为缺乏专业的市场调查能力，建议在完成基础的调研后，按产品导向入手，然后通过客源的积累，发现客人新的主要的需求，再对民宿定位进行调整。

2. 顾客特征

顾客特征通常由四个方面来考虑：人口特点、消费动机、消费行为、消费性格。

（1）人口特点：性别、年龄、收入、职业、受教育程度、来源地、家庭结构等。

（2）消费动机：追求舒适、探险、亲近自然、炫耀、康养、学习知识等。

（3）消费行为：习惯从哪里获得信息、在哪里进行购买、购买的频率等。

（4）消费性格：节俭型、享乐型、保守型、时尚型。

在经营中多接触客人，建立客人档案，日积月累才是了解客人最重要的方法。

很多时候，客群会带有综合的特点，如城市里喜欢小资情调的白领，同时也可能是年轻孩子的父母。如果民宿要聚焦这一部分群体，要在注重设计感的同时，提供亲子温馨的服务、体验和设施（图 1.18）。

▲图 1.18（a） 亲子体验

▲图 1.18（b） 主人接待

四、民宿的设计

有设计感，是旅客选择民宿时的重点。

（一）民宿设计的要点

民宿的个性、差异化首先体现在空间设计上。民宿的空间设计就是要把定位的精神文化内涵空间化、物质化。在设计当中有以下要点（图 1.19）。

▲ 图 1.19（a）（b） 特色民宿

1. 确定民宿的风格

前面讲到民宿会有不同的定位，如有机农场、亲子庄园、少数民族文化民宿、田园风民宿等，在这些定位下，找到民宿的设计风格：简约、复古、田园、在地文化等。

2. 精致而有特色

民宿设计追求的不是规模和奢华，重要的是精致而有特色。

3. 在地文化的展示尤为重要

民宿以在地文化生活激发游客的好奇，构成核心吸引力。因此，民宿的规划设计必须充分挖掘和突出当地文化元素，在保留并凸显在地元素的过程中创新。

4. 遵循质朴自然的设计原则

民宿度假追求的是一种慢生活态度，是一种回归自然、轻松和谐的意境。无论是建筑环境空间还是配套业态，都应该以环保生态为出发点。

5. 民宿需要合理的配套业态补充

游客入住民宿，往往不满足于单一的住宿功能，餐饮、SPA、有机农场、儿童游乐等业态会给游客体验带来很大的提升。

6. 注重民宿的安全性能及设施配套

老建筑改造需提前评估，尤其注意结构的稳固性，根据所在区域特点，增加防水、取暖、隔音等设施。

（二）民宿空间的设计

1. 民宿必备区域

（1）外观。包括外墙、门窗、屋顶在内的建筑外立面及整体色调会给客人留下深刻的第一印象。最大程度依托老院落的结构和外观，在修复中体现“修旧如旧”的原则成为民宿改造中应用非常广泛的方式（图 1.20）。

▲ 图 1.20　民宿外观

▲ 图 1.21　公共区域

（2）公共区域。公共区域要满足客人休闲、阅读、交流的需要，最好有公共卫生间。作为原有老屋子生命的延续，很多民宿会在内墙装饰中保留老屋的部分内墙，或是增加一些反映当地特色的生产、生活用品作为公共区域的摆件、家具。设计中要避免使用过多的深色（图 1.21）。

▲ 图 1.22　客房

（3）客房。客房是客人旅行中的家，不要太狭窄昏暗。可以借助落地窗、天窗、挑窗之类的设计增加采光、扩大视野。配备冷暖空调，有条件的话最好配备独立卫浴。床单、被套、枕套等床上用品以浅色为主（图 1.22）。

（4）浴室和卫生间。做到洗手台和浴室干湿分离，地面经防滑处理，并有防滑标志，卫生间有除臭措施（存水弯、防臭地漏等），设置马桶。能够 24 小时供应冷、热水（图 1.23）。

▲ 图 1.23（a）浴室

▲ 图 1.23（b）卫生间

（5）餐厅。餐厅的氛围和环境会影响到客人入住的心情和体验，有条件的民宿可以把餐厅放在楼顶的平台或视野开阔的房间。可以用桌布和一两枝带着露水的野花来装饰餐桌（图 1.24）。

▲ 图 1.24　用餐区

2. 非必备区域

（1）前台。前台通常要承担入住、退房、出纳、行李寄存、储藏、办公、保险柜、房务、保安监控等功能。因此，设计上要符合民宿运营人员的操作程序和工作流程，有效地把前场的氛围烘托出“到家”的感觉，后场空间则要满足人性化的工作要求（图 1.25）。

（2）厨房。厨房要符合烹饪要求，可以满足排水、排污、隔油、排烟的需要（图 1.26）。

▲ 图 1.25　前台

▲ 图 1.26　烹饪区

（3）院落。院落的设计要尽可能保留院落里的树木，菜园或是花圃中铺设一些用鹅卵石、透水砖、瓦片、木质平台组成的路径，而院墙只要没有安全隐患，完全可以稍加修缮后保持原样（图 1.27）。

（4）标识。好的标识系统会成为民宿特色的一部分，你可以用自己的家族、所在的村落、附近山川河流的名字来对功能区域进行命名。标识牌的造型设计可以是当地古老的符号或是生活生产用具的形状，取材可以来自当地特有的原材料（图 1.28）。

▲图 1.27　院落

▲图 1.28　标识

案例3

龙脊江边民宿改造

龙胜金江村江边组的村民房子是典型的干栏式三层木楼，一楼养猪，二楼客厅，三楼是卧室和储藏室。房子非常宽敞，但是采光不佳，木板热胀冷缩，缝隙间容易招惹蚊虫，隔音问题严重。对此，许多村民新盖的楼房选择砖房，一则容易避免以上问题，二则容易施工且成本低廉。村口的五层楼白色砖房在这个壮寨中看起来尤为突兀（图1.29）。

▲图 1.29（a）（b）　改造前

江边民宿的设计师本着“为村里建设一座具有旅游吸引力且看得懂学得会的样板房”的原则，聘用本地施工队，将原有老屋拆除，搭建混凝土结构，再将原有木料以传统工艺重新搭建。民宿外观与周围房屋差别不大，但是室内呈现则在赋有年代质感的木结构框架内嵌入了现代功能：房间宽敞明亮，落地窗直接面向整个村庄，壮寨美景尽收眼底。走路时木地板也不再咯吱作响，可移动的纱窗阻隔了村里常见的蚊虫。

▲ 图 1.30（a）（b） 改造后

原来养猪的一楼被改作布草房和洗衣间，并配有既可晾晒衣物又观星赏景的平台。卫生间配备浴缸、马桶等城里人偏好的现代化设施。软装方面除了大件家具采用原木家具外，小物件则是集合了村里的元素与智慧：村里匠人做的竹编灯，铁匠打的门环，原来插镰刀的竹篓插上了村里的野花，客厅挂着晒干的老玉米，草鞋挂在每间客房的门上，用毛笔书写每间房间的名字等（图 1.30）。

▲ 图 1.30（c）（d） 改造后

五、思考

1. 你家民宿的在地文化有哪些?
2. 你家民宿所在市场有什么特点，该如何定位?

模块二

民宿管家职责和接待流程

案例

有温度的管家服务

小雨和男友休年假的时候，想选择一次眼下很热的民宿体验，于是在爱彼迎上预订了阳朔遇龙河边的某民宿。前期的电话沟通已经让她对民宿管家小覃充满了好感，这是一位普通话虽然还不太标准，但是非常热心的阳朔姑娘，前期的沟通中就给了他们很多天气、民宿的信息和游玩的建议。到达民宿，小覃在大门口迎接，办理入住的时候，请他们喝了酸甜可口的百香果茶。民宿依山傍水，落地的窗户可以欣赏到“江作青罗带，山如碧玉篸”的美景，晚餐享用了著名的阳朔啤酒鱼，饭后和小覃在露台喝茶聊天，听当地的故事，这真是一次非常惬意的度假体验。

民宿管家除了基本的服务质量保障外，也要注重提供有温度的服务，让客人实实在在感受到舒适、可信赖、宾至如归的体验。

一、民宿管家职责

（一）职责目标

为客人创造一种温暖舒适、值得信赖、宾至如归的住宿体验。

（二）合作者

客房清洁人员、餐饮提供人员。

（三）工作内容

1. 预测需求，解决问题

预测客人需求，并为其提供相关建议，为客人提供个性化的服务，能够将当地文化元素运用到接待过程；主动帮助客人解决入住期间的各种问题，通过各种方式保障与客人的无障碍交流（图 2.1）。

▲ 图 2.1　特色交通工具接待

难点解析

（1）个性化的服务。能够根据客人需求和民宿特色，满足不同客人合理的个性需求，提供即时、灵活、体贴入微的服务，一般不再额外收取费用。

（2）将本地元素运用到接待过程中。将本地的风俗、文化、传统、物产、食材应用到民宿室内设计、装潢、餐饮、周边旅游产品设计的过程中，并给客人提供符合本地特点的服务和建议（图 2.2 和图 2.3）。

▲ 图 2.2　物品摆放

▲ 图 2.3　民宿主人接待并介绍

2. 标准与个性化

在确保客房卫生和设备设施的状况符合入住条件，物件摆放符合标准的条件下，尽量满足客人的个性化需求。

3. 保障安全，能够处理突发状况

保障入住期间客人的人身、财务安全，排除任何安全隐患，及时周到地处理各种突发状况。

4. 维护社区邻里关系

与屋主及邻居沟通协调，维护社区关系，创建友好的社区环境，与村委会和村民小组维持融洽关系。

难点解析

（1）了解规章制度。了解哪些合约和规章对民宿接待会有影响，如租赁合同、村委会或合作民宿的规章制度，以及由承租人组织制定的规章制度。尤其要特别留意有关访客或转租的规定。

（2）制定各方可行的《房屋守则》和《房屋使用指南》。配合屋主制定一些接待客人的参考准则，如向每位客人说明房源的使用规定，向客人提供紧急联系号码，以及提供绘有紧急出口和撤离路线的地图。

（3）关照邻居的感受。要提醒客人不要因为噪声、宠物、停车以及未经同意的拜访而打扰邻居，确保邻居对于民宿运营感到放心。在条件允许的情况下，吸引邻居参与客人接待的环节，如提供餐饮、特色农副产品、导游服务等，让邻居在民宿接待中共同受益。

（4）及时让各方了解最新情况。可以在获得预订时通知屋主。在客人同意的条件下，还可以向屋主提供客人的名字或爱彼迎系统中记录的个人资料，这样屋主就可以了解谁将入住民宿。

5. 确保基础设施的供给

与有关部门协调，确保运营期间基础设施（水、电、路）的稳定、持续供给。

难点解析

要和村委会、供电、水务部门进行充分沟通，确保用电负荷符合村落整体用电负荷要求，如有需求，及时申请电力扩容，确保用水管道的安全供水，保证供给满足高峰用电用水需求。

6. 行政登记

根据法律规定，完成住宿登记，治安防范、消防安全等方面的相关要求。

难点解析

（1）客人登记。确保了解适用的客人登记方面的法规，协助入住民宿的境外客人（含港澳台居民）或不具有民宿所在地户籍的境内客人向有关主管部门办理登记。

（2）税务。了解可能适用的当地税收或营业执照方面的规定，可能包括酒店 / 暂住税、销售税及其他营业税，如增值税（VAT）、个人所得税等。

（3）许可及登记。确保已了解所有可能适用的执照、消防、安全及卫生方面的法规，如在当地工商局办理市场主体登记，一些地区还要求必须在公安、消防部门办理特种行业经营许可证。

7. 做好工作记录

在服务的每个环节对各项工作进行记录，为评估、考核提供依据。

8. 日常监督

监督服务人员的日常操作规范。

9. 对内、对外、对客人

简言之，管家的职责主要由对内、对外、对客人三个部分的工作组成：

- 对内：确保卫生和设施，监督服务人员的日程操作规范；
- 对外：与房东沟通，与有关部门（水电路和公安、水务、工商等）沟通；
- 对客人：提供个性化服务、处理突发事件、记录服务的环节。

二、接待流程和礼貌用语

民宿的接待主要分为到店之前、在店期间、离店之后三个环节，其中到店之前又可细分为咨询、预订、到店前三个环节，在店期间又可细分为办理入住、入住后、退房三个环节（图 2.4）。

▲ 图 2.4　民宿主人接待

（一）到店之前

1. 咨询

（1）第一时间回复。

（2）耐心热情。

（3）准备图片、房型表等工具。

（4）提示客人重要信息：房源优劣势，退改订政策等免责声明。

2. 预订

（1）不要拒单。

（2）第一时间确认订单。

（3）第一时间主动联系客人。

（4）告知客人基本信息（如何抵达、联系方式等），礼貌祝福。

（5）如房客入住期间您不在当地，不妨提供一位当地人的联系方式。

（6）如确认预订后房源情况有变更，请提前通知房客。

3. 到店前

（1）提前 3 天主动联系客人：确定行程，了解抵店时间、出行方式、有无其他特殊需求等。

（2）排除可能出现的预订后但无法入住的订单。

（3）提前做好接待准备（物料、人力等）。

（4）提醒客人近期天气、交通等可能影响体验的突发情况以及有无其他需要和客人提前沟通的内容。

礼貌用语示例

“您好！我是某民宿的管家。我已经在爱彼迎的后台看到了您的订单，想和您再次确认一下。”

“您好！我们这边最近天气不太好，建议您出行的时候带好雨具和御寒衣服，最好带上防滑防水的户外鞋，这样您也可以参与我们组织的徒步活动。”

“您有小朋友随行吗？我们这边有采摘水果和蔬菜的活动，小朋友都很喜欢，需要帮您预约吗？”

（二）在店期间

1. 办理入住

（1）当天如超过原定抵达时间，管家应致电询问，以示关心。

（2）应在民宿大门、停车场或指定接待区域迎接客人。

（3）按步骤办理入住（可以先奉茶、请客人稍事休息；或视情况而定边介绍边进行系统录入，应避免第一句就说：请出示证件）。

（4）按要求办理完入住手续后将客人带入客房，简单介绍民宿及设施设备使用，确认用餐及其他需求，最后要告知客人有问题怎么才能找到你（图 2.5）。

▲ 图 2.5　客人抵达入住

难点解析

民宿管家可以将迎客的过程根据时间、地点分成若干环节，结合周边的环境给每个环节设计相对固定的解说词。

2. 入住后

（1）争取正面评价。

（2）下次见面称呼客人的姓氏或昵称。

▲ 图 2.6　特色餐饮

（3）主动询问客人的入住体验和游玩安排，了解需求并给予帮助。

（4）主动邀请客人参加你们的活动。

民宿管家要成为熟悉本地食、住、行、游、购、娱的专家，能够给客人更贴心更专业的行程指导，提供包括餐饮、周边行程的建议，建议时要注意了解客人的类型和特点（图 2.6）。

难点解析

表 2.1　客人类型及特色分析

客人类型	特点	建议
休闲度假型	喜欢懒散的度假生活，喜欢睡到自然醒，喜欢坐在躺椅上晒太阳、发呆。	可以提供相对宽松的行程建议，如为客人预留出充足的睡眠时间，提供时间节点不强的行程规划，客人空闲时可以陪他聊聊天。
观光型	喜欢逛景点，喜欢充实饱满的行程的规划。	尽可能安排翔实有特点的行程建议，如早上起来看日出，上午去徒步，下午去参加采摘活动或者民俗传承活动，晚上参加民俗聚餐或者电影沙龙等。
探险型和学习型	喜欢走前人未走之路，不爱去人群拥挤的传统景区（点），以接触新东西为乐。	安排本地人才知道的徒步小径，带他们去拜访当地手工艺传承人，让他们参与当地的料理制作，你安排的行程越有独特性，越会受到他们的追捧。

客人在店期间有很多服务内容可以提供，管家可以结合民宿的定位、服务成本和定价，区分出付费服务和免费服务。

免费的服务一般包括常规的接待服务、无线网络、24 小时热水、接送客人（在保证安全的前提下，使用电瓶车、摩托车、面包车、越野车的乡野接送也可以起到丰富客人体验的作用）、叫醒服务、衣物晾晒、预留停车位、医疗协助、隐私服务等，也可以根据情况提供自助洗衣、自助厨房、提供拐杖、阅览室、雨中送伞等。

收费的服务可以做成民宿产品的自然延伸，如景点导引、特色体验（可以包括有机种植、特色加工、乡土文化体验等）、正餐、下午茶、夜宵、洗衣服务、包车租车、老人及残障人士陪同等（图 2.7）。

▲ 图 2.7　手绘雨伞体验

这里有两个注意事项：一是提供服务要量力而行，如果服务种类很多，但质量很差，只能砸了自己的招牌；二是特色服务最好围绕你的资源来设计，如你拥有一家有机农场，既可以提供有机农场参观、有机种植科普等特色免费服务，也可以提供有机餐饮，有机农产品加工、购买，有机种植体验等付费服务。通过这样的服务，起到“1+1>2”的作用，让你的民宿特色更加鲜明，体验更加难忘。

礼貌用语示例

“您好！欢迎来到我们壮族村寨，这是我们传统的迎宾酒，以表达我们壮寨儿女对远来客人的欢迎，请您品尝一下。”

“我们这里有很多传统活动，您如果要在村里待几天的话，有兴趣可以参加一下。”

“这个菜是我们阿姨刚从地里摘的，摘上来的时候还有露水，特别新鲜，您可以先尝尝。”

“如果您对我们的风俗文化感兴趣，我建议您可以去拜访一下村里的竹编工艺传承人，老人家今年 70 多岁了，编的竹编特别好。”

3. 退房

（1）一定要和迎接客人时一样热情。

（2）可以送上伴手礼，以使客人离开后能保留这段美好的记忆。

（3）如果客人遗留了物品，应该在第一时间及时联系客人，并与客人沟通好物品的送还或处理方式。

（4）请客人为你提供反馈，这样能帮助你找到可以改进的地方。他们可以当面告诉你，或者在他们提交评分时给你撰写私信反馈。一些房东会提供留言簿，客人在退房时可以在上面写下自己的感受。这可以帮助你保存来自世界各地的所有来访者的个性化记录，客人可以翻看这些记录，感觉自己就是社区的一部分（图 2.8）。

▲ 图 2.8（a）（b） 民宿留言本

礼貌用语示例

“时间过得好快，您下次休假的时候可以带朋友再来，我们继续用美酒美食招待您。”

“这次过来，天气不是很好，下次天好的时候您再过来，可以看到日落金山的景致，很多人过来摄影。”

（三）离店以后

（1）可以在客人离店 30 分钟后或当晚，给当日退房的客人送上礼貌性问候。

（2）对于客人的评价，可以适时追评（图 2.9）。

（3）联系预订用的手机建议选择大容量内存，以便保留所有与客人的微信记录；可以备注上客人的姓名和入住日期，便于之后的联系。

（4）离店后可与客人保持联系，他们会成为你的忠实粉丝和传播者。比如，返程温馨问候、节日问候、生日问候、民宿新的服务体验和变化告知等。有条件的话可以用心经营朋友圈，收集客人入住期间的体验活动照片和喜爱的特产，作为给客人的生日礼物。

▲ 图 2.9　追评客人评价

礼貌用语示例

“您好！好久没有联系了，我最近整理了一下民宿的照片，发现您上次参加活动的一些照片，通过邮件发给您，有空再过来呀。”

三、思考

1. 请简单描述管家的职责。
2. 客人离店以后，管家需要做些什么？
3. 请模拟某民宿管家，向客人介绍民宿可以提供的便捷设施和服务。

模块三

安全和突发事件应对

一、民宿安全基础要求

（一）提供紧急情况联系方式

在房间内注明 110、119、120 等紧急救助电话，以及最近的医院的联系电话及地址。提供一名民宿管家的紧急联系号码和一个备用号码，以方便客人在紧急情况下能有人可以联系（图 3.1）。

建议增加房源自身位置的说明，如地图导航图示等，并将附近地标性建筑位置标出，以便房客遇险情报警时能清晰迅速地描述出所在位置。

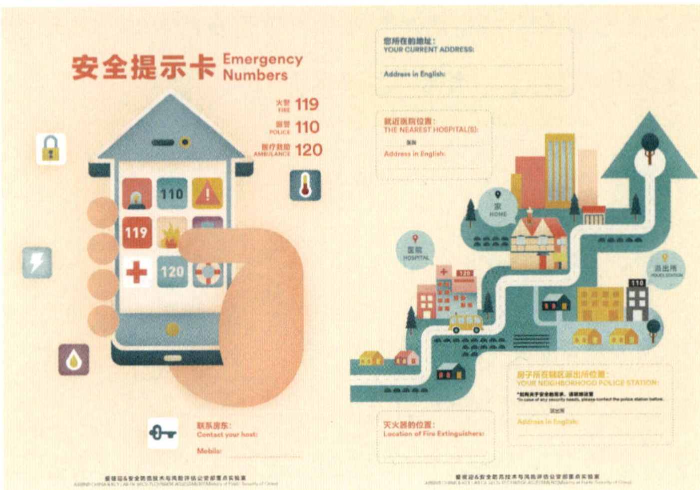

▲ 图 3.1　安全提示卡

位置表述可以如下所示：

您所在的位置是：××××

您的相对位置是：×××× 南侧 200 米

当您需要帮助时可以此来说明您所处的区域。

（二）安全设施

建议在客人入住时，向他们说明以下这些安全设施的位置（图 3.2 和表 3.1）。

1. 灭火器

在每套房源中配备至少一个灭火器，可以在起火时帮助客人自救，也可最大限度地减少房源损坏。建议定期查看灭火器是否可以正常使用。建议配备干粉和水基灭火器。

▲ 图 3.2　落地窗前加装栏杆

2. 烟雾报警器

设置独立式感烟火灾探测报警器或火灾自动报警系统，在第一时间提醒客人。

3. 一氧化碳报警器

燃气、燃气热水器和煤炭的使用都可能造成一氧化碳泄露，报警器可以及时提醒客人采取自救措施。

4. 医疗急救包

其中应该包含创可贴、止痛药、纱布和消毒剂等处理小型创伤的物品；原则上只提供外伤药物，不提供口服药品，不确定是否有过敏反应或病症的客人，宜送往卫生所，由医师开具或自行购买药品。

5. 防盗设施

安装声光防盗报警装置可以最大限度地保护客人和房源财产的安全。

6. 逃生设施

在房间和逃生通道放置逃生面罩、破窗器等。

表 3.1　房屋内安全用品清单

救援物品	适用条件	位置	使用方法
毛巾	发现浓烟	卫生间	用水浸湿捂住口鼻
干粉灭火器	火灾初期，发现明火较小	客厅正门内左侧	拉开保险栓 向火焰底部喷射
水基灭火器	发现明火较小	客厅鞋柜左侧	可向自己衣物喷射形成隔热层
紧急报警按钮	发现有人入侵房屋	卧室窗头右侧	迅速按下可自动报警

（三）客人隐私及网络安全

如果你在公共区域安装了任何类型的监控摄像头或其他记录装置，即使这些设备处于关闭状态或没有接通网络，也必须在房屋守则中清楚说明相关信息。不得在客人所居住的房间等私人空间内安装或使用任何该等监控设备，类似别墅式单独房客入住的，内部区域全部属于隐私区域，也不应配置监控。

如果不能保障个人无线网络的安全性，则应告知客人网络的安全性风险，建议客人在使用网络进行相关支付操作时断开无线网络。

（四）通道安全

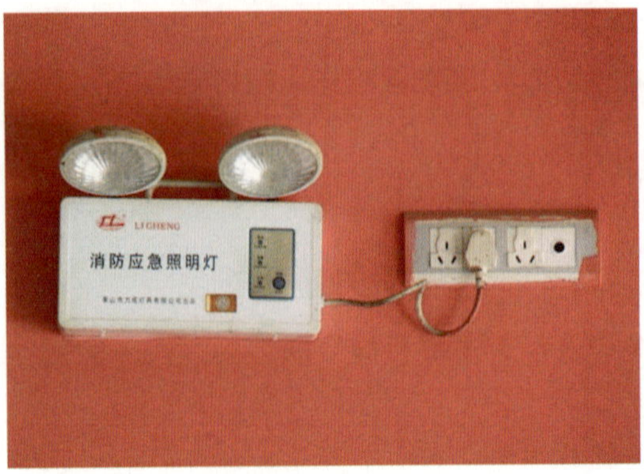

▲ 图 3.3　应急照明设施

安全出口、楼梯间、疏散走道应设置保持视觉连续的灯光疏散指示标志，楼梯间、疏散走道应设置应急照明灯。当主体结构为可燃材料时，木质楼梯应经阻燃处理，楼梯的宽度、坡度应满足人员疏散要求。应有夜间活动空间照明装置（图 3.3）。

（五）儿童防护

做好民宿内防摔、防坠落、防触电等安全保障，确保儿童在房子里是安全的，或告知客人任何潜在危险。包括：

- 有高低差的部位，如楼梯台阶、平台等，可进行提示（防止踏空线）；
- 窗体开合角度应合理控制，且窗前不应有可攀爬的家具陈设；
- 相对儿童可触及的较低矮区域不建议有插排，如有应隐蔽并选择防触电配置。

（六）电器安全和安全取暖

相关电热类设备，以及具备地域特色的设施，即外来的房客不常使用或未使用过的设施，应当加以说明与指导。

浴室等潮湿区域，建议安装等电位端子箱、插座防水罩；热水器使用大品牌且应具有漏电保护装置；插座不多接、线路不缠绕，不设置在儿童可及的区域；临时外出断电提示等。

确保客人知道如何安全使用空调等取暖器，保证房源通风良好，确保温控装置清晰标识并正常工作。

（七）客人登记

对于境外客人，根据相关法律规定，其入住后 24 小时内应向当地公安机关办理境外人员临时住宿登记；建议主动协助境外客人办理该登记，对于持 72 小时临时过境签证入境的客人，不进行该登记可能会影响其未来再次申请中国签证，因此请务必确保能协助其完成客人登记（图 3.4）。

▲ 图 3.4 与境外客人交流

对于不具有当地户籍的境内客人，由于各地的政策不同，可能需要在客人入住后的一定时限内为其向当地公安机关办理住宿登记；可查阅、了解房源所在地的相关具体规定，也可向当地有关主管部门，如公安机关，进行问询。

（八）做好风险告知

客人入住时要做好风险告知，内容如下表所示（表 3.2）。

表 3.2　风险告知内容

风险	位置与名称	条件与人群
跌伤	楼梯	入住房屋必须经过楼梯结构
跌落	阳台临边	儿童接近阳台或爬上窗台
入侵	钥匙遗失	存放钥匙的密码盒不安全
跌伤	巷道、楼梯	夜间道路照明不足

二、消防安全

民宿如果地处房屋连片、通道狭小、消防水源等基础设施匮乏，缺少防火分隔措施的区域，容易“星火燎原”。因此，作为民宿从业人员，你必须做到“一懂三会”，即懂火灾危害、会报火警、会用灭火器、会疏散逃生。在硬件方面至少应做到“两满足三配备”，即满足基本的防火分隔、安全疏散要求，配备简易报警、灭火器、疏散逃生设施（疏散图、疏散标志、手电筒、逃生面罩等）。

（一）火灾预防

（1）砖木结构、木结构民宿连片分布的区域，应设置防火隔离带、设置防火分隔、开辟消防通道、提高建筑耐火等级、增设消防水源等。

（2）禁止采用可燃、易燃装修材料，墙、柱、梁、楼板应均为不燃材料，如是可燃材料，必须符合《民宿建筑防火导则》的相关要求。

（3）民宿中严禁存放易燃易爆等危险品。

（4）燃放烟花爆竹、烧烤、架设篝火，或采取其他动用明火的行动时，应设置单独区域；在民宿临近山林区、草场、名胜风景区禁止燃放孔明灯，并在显著位置设置“禁止烟火”“禁止吸烟”“禁止放易燃物”“禁止带火种”“禁止放鞭炮”等警示标志。

（5）室内严禁私拉乱接电气线路，严禁在电气线路上搭、挂物品；客房内严禁使用大功率电器，用电取暖时，设备应具有超温自动关闭功能。

（6）严禁在客房内安装燃气热水器。

（7）用于经营民宿的建筑层数不应该超过三层，可配置逃生绳或逃生梯。

（8）民宿外应设置消防水池或室外消防栓，应定期对民宿从业者进行实地消防灭火、疏散演练。

（9）提醒客人不卧床吸烟，不乱丢烟头。

（10）每间客房均应按照住宿人数配备手电筒、逃生用面罩或消防自救呼吸器等设施，并在明显位置张贴疏散示意图。

（二）火灾逃生

（1）一旦失火，保持镇定，如火势不大，应迅速利用简易灭火器灭火。

（2）迅速拨打火警电话 119，讲清详细地址、起火位置、火势大小、报警人姓名及电话，并派人到路口迎候消防车。

（3）发生火灾时，千万不要贪恋财物，应快速撤离。

（4）发生火灾时禁止乘坐电梯。

（5）自我保护谨慎通过烟雾区的各种措施：尽量使身体贴近地面，用湿毛巾捂住口鼻行走；披上浸湿的衣物、被褥等向安全出口方向冲去。

（6）大火封门、无路可逃时，可使用浸湿的被褥、衣物等堵住门缝，泼水降温，向窗外呼救。

（7）当通道被火封死，可用结实的绳子或将窗帘、床单撕成条或拧成绳，拴紧窗框下滑脱险。

（8）身上着火，不要奔跑，可就地打滚或用衣物拍打压灭。

（三）灭火器、消防栓的使用方法

要学会正确使用灭火器和消防栓（图 3.5 和图 3.6）。

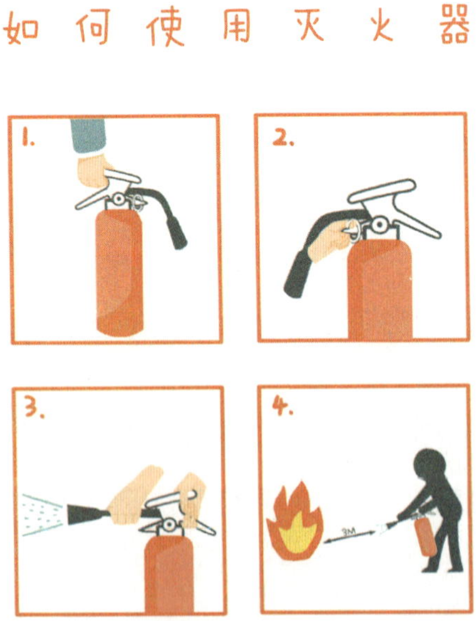

▲ 图 3.5　灭火器的使用方法

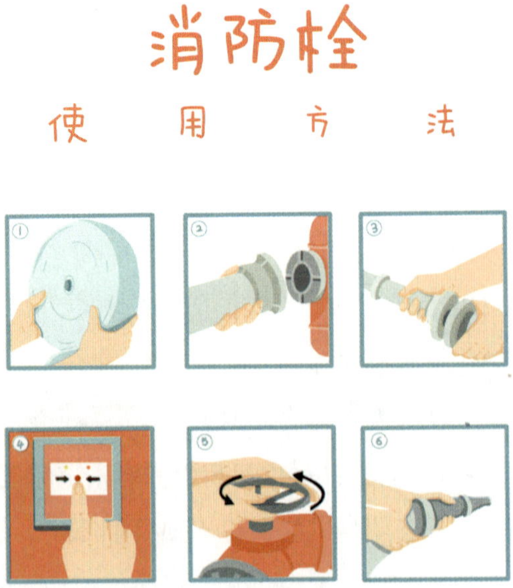

▲ 图 3.6　消防栓

三、食品安全

常言道：民以食为天，食以安为先。确保民宿食品安全，让客人体验当地特色美食，吃得安全、卫生、放心也是民宿应尽的责任，同时也关系民宿的生存和发展。因此，在餐饮食品安全管理过程中，应注意以下事项：

（1）食品原材料应保证安全、新鲜，采购食品原材料遵守进货验收制度和索证索票制度，采用自家种植的蔬菜为佳。

（2）加工、存放食品应当做到生熟分开，肉类煮熟煮透。

（3）农药、鼠药等有毒、有害物品应当远离厨房妥善保管。

（4）不采购、使用腐败变质、过期食品或霉变、生虫的食品；也不采购、使用病死、毒死或死因不明的禽畜类、水产动物及其制品，以及食品安全法规禁止生产经营的食品。

（5）不采摘有毒山野菜、蘑菇等食物，不得加工客人采自山间的不明野菜等。

（6）提供给客人使用的生活饮用水应当符合国家生活饮用水标准要求。

四、燃气安全

（一）家庭燃气安全使用

（1）如果有燃气管道经过厨房，建议同时安装燃气泄漏报警器，如有燃气漏气或开关未关严实的情况，将会发出报警。

（2）使用灶具时，每次点火要确认点火成功，避免出现无火漏气现象。点火时，不要远离灶具并注意观察，避免火焰意外熄灭造成燃气泄漏。

（3）使用燃气时要保持室内通风，如发现有燃气泄漏，请立即关闭燃气表前阀门，熄灭所有火种，迅速开窗通风。此时，请不要在室内拨打电话、开关电源及脱化纤衣。如仍觉察有燃气气味立即到室外安全地带拨打燃气维修电话，必要时可拨打 119 请求消防部门的协助。

（4）购买液化气罐前，建议仔细检查气罐、减压阀、橡皮软管是否符合国家有关规定。

（5）使用液化气时，必须有人照看，防止汤水沸溢，浇灭火焰而引发火灾爆炸事故。

（6）液化气罐不宜暴晒，不宜靠近热源、明火，周围不宜堆放柴草、杂物等可燃物。

（7）如燃气设备有零件需要更换，建议请专业人士更换并定期检修，不宜私自拆卸（图 3.7）。

▲ 图 3.7　家庭燃气安全使用

（二）房源燃气设备的日常维护建议

（1）确保燃气设备完好。

（2）及时更换燃气胶管，避免因胶管老化造成漏气（一般使用 2 年即需更换）。

（3）天然气和液化气不能在同一个房间内存放或使用。

（4）燃气管道或液化气橡皮软管上不能悬挂任何物品，以免造成管道接口松动发生漏气。不宜将电线缠绕在管道上，避免产生电火花引起火灾事故。

（5）定期使用小毛刷蘸肥皂水涂抹燃气管道接口、胶管（或用小喷壶装肥皂水喷燃气管道接口、胶管），如有气泡产生，则表示此处有燃气泄漏，应及时报修。

（6）不能私改私接燃气设施，如需改动应到当地燃气公司办理相关手续请专业人员操作。

（7）当客人入住时，应向客人交代家中燃气设备，主要是灶具、热水器的使用方法，并向客人说明燃气安全使用的注意事项，以及一旦遇到燃气设备故障、燃气使用过程中燃气泄漏、疑似中毒等紧急事件时应如何处理。

五、其他安全

（一）地震灾害方面

地震属于自然灾害，预测难、爆发性强、破坏力大。如处于地震带的房屋建议做好房客的自救、疏散指示工作。

（1）明确疏散逃生路径，张贴到房屋、客厅、走廊及门口等位置，并提示房客仔细观看。

（2）房东对房屋比较了解，应提前寻找房屋内最适宜应急避难躲藏的位置，并告知房客，也可张贴避难临时躲避区示意图（空间较小的承重结构，躲避区应避免靠近建筑外立面，且应靠近逃生通道）。

（二）社会治安方面

面对人身侵害时，应按以下要求处理：

（1）不要贪恋财物。

（2）量力而行，不盲目反抗。

（3）处于劣势时保持冷静，佯装配合，不卑不亢，适当安抚对方，使其同意进行谈判。

（4）如被捆绑优先双手配合前置，避免背后捆绑，便于自救。

（5）无法反抗时请以保证生命安全为第一原则。

（6）歹徒离开后设法自救，报警。

（三）房东自身财产安全方面

房东如配置较贵重物品，应与房客进行沟通并告知妥善使用和保管，做好提前告知，能在一定程度上避免理赔纠纷，提高房客自身使用警觉性（表 3.3）。

表 3.3　贵重物品清单模板

名称	型号	数量
笔记本电脑	Apple MacBook 12	1
电视	索尼 -KD-65A1	1
……	……	

六、急救知识

（一）骨折的急救知识

1. 判断是否骨折

查看伤处可有瘀血、肿痛，或者观察伤者是否以不正常的姿势倒卧。情况严重时，查看是否有肢体畸形，或者开放性伤口。

2. 固定

不要随意移动伤肢。可用手或软垫（衣物、毯子等）包裹患肢并沿其轴线放平，但不要施加强力。保持固定位置，等待救援到达。要注意避免不必要的移动。

3. 拨打急救电话

如果伤处明显变形、有剧痛或自己不能行走时，需要运送至医院，拨打急救电话或者请他人帮助呼叫。

4. 等待救援人员抵达

确保伤处被妥善固定，直到救援人员抵达。

（二）烧伤的紧急救护

1. 迅速扑灭身上火焰，撤离现场包扎伤口

采取有效措施扑灭身上的火焰，使伤员迅速脱离致伤现场。当衣服着火时，应就地卧倒翻滚，以免助长燃烧。灭火后伤员应立即将衣服脱去，如衣服和皮肤粘在一起，可在救护人员的帮助下对创面进行包扎处理。

2. 保护创面

在火场，对于烧伤创面尽量不要弄破水疱，不能随意涂抹外用药，以免影响医生对烧伤面深度的判断。对创面应立即用洁净纱布、衣物或被单等给予简单包扎。手足被烧伤时，应将各个指、趾分开包扎，以防粘连。

3. 合并伤处理

有骨折者应予以固定；有出血时应紧急止血；有颅脑、胸腹部损伤者，必须给予相应处理，并及时送医救治。

4. 迅速送往医院救治

伤员经火场简易急救后，应尽快送往临近医院救治。途中必须注意防止伤员休克，搬运时动作要轻柔，行动要平稳，以尽量减少伤员痛苦。

七、民宿突发事件应急处理

（一）食品安全事故处理

1. 应急处置原则

（1）立即组织对中毒人员进行救治。

（2）保留造成食物中毒或者可能导致食物中毒的食品及其原料、工具、设备和

现场。

（3）配合政府卫生行政主管部门对食物中毒的原因进行鉴定。

（4）落实政府卫生行政主管部门要求采取的其他措施。

2. 食物中毒人员的应急处理

（1）催吐。只要胃内尚有毒物存在，都应做催吐处理，催吐是排出胃内毒物的最好办法。

（2）可用硬羽毛、匙柄、筷子、手指等搅触咽喉壁使之呕吐，同时饮用清水，反复刺激呕吐。

（3）将食盐 8 克溶于 200 毫升温水中反复口服。

（4）病情严重者在应急处理的同时急送医院进行进一步救治。

（二）酗酒客人处理

无论店内还是店外喝醉的客人，管家都应注意，客人醉酒后失去理智，处于不能自控状态，或有胡言乱语、滋事、破坏酒店财物、调戏女性等行为，管家应时刻注意并灵活处理。

对于尚未完全失去理智的醉酒客人，应及时将其劝至客房或其他适宜的地方，待其酒醒。

如醉酒客人在公共场所发酒疯，打人、骂人、破坏店里财产，无法控制，应及时通知村小组成员，并报公安机关处理。

醉酒客人酒精中毒，有面色苍白、口吐泡沫或其他严重症状时，应及时通知运营经理，送到医院抢救。

（三）预防打架斗殴、流氓滋事

一旦发生打架斗殴、流氓滋事事件，管家要及时报告村小组成员，并拨打 110 报警，并且尝试控制事态发展，保护好店内其他客人的人身安全和店内财产安全。

将斗殴双方或肇事者分开，等待公安机关处理。如事态严重，有伤害事故发生，要及时抢救伤员。

现场检查时，查清酒店设施是否遭受损坏，损坏程度及数量，做好记录上报负责人。

（四）发生盗窃

贵重物品建议客人自行保管。

如客人丢失物品，管家接到报告后，马上到现场，向客人了解丢失物品的前后经过和物品种类、价值等详细情况，并做好记录。

如果丢失贵重物品，询问客人是否需要报警，如要报警，可按照程序封锁现场，提醒客人不要随意翻动物品，等待公安人员到来。

如丢失非贵重物品或物品价值较大，但客人不愿意报警，可按照以下程序处理：请客人再仔细检查一下自己的物品是否放错位置，或在客人同意后进入房间帮助查找，要注意两人同行或全程拍摄。

（五）停电紧急处理

发生突然停电，要首先查找停电原因。

如果是店内线路故障，要及时通知维修工进行维修检查；如果是外部线路故障，需要打电话给供电局报告情况，请他们尽快派维修人员抢修。

理清停电原因、时长后，及时向客人说明情况、请求谅解，并做好应急准备工作。

一旦供电恢复正常，需对民宿进行检查，确保正常运转，无安全隐患。

（六）客人出现意外事故

接到报告后组织相关人员迅速赶到现场。

仔细询问客人情况，根据客人受伤程度和病危人员的现状第一时间安排送往医院治疗。

在客人亲友未到之前，派工作人员看护。

如遇客人死亡（应由医疗机构判断是否死亡），应确定死者身份，保护好现场，并立即与公安部门取得联系，配合公安人员做好处理工作，按客人登记及其他线索与客人所在单位及亲属联系，协助做好善后工作。

（七）无人值守式房间的紧急情况处理

如民宿是属于无人看管式的房屋，则应做好充分提示。应在房屋内醒目位置留有民宿紧急联系人联系方式，便于客人在出现紧急情况时可以尽快联系到民宿管理人员。民宿管理人员要定期检查民宿周边监控等设施，确保及时发现异常，有效处置。

八、思考

1. 如何进行火灾逃生?
2. 简述燃气安全使用的注意事项。
3. 如何进行烧伤紧急救护?
4. 入住时给客人的安全提示应包括哪些内容?
5. 尝试编写一份民宿应急预案。

模块四
餐饮

一、食品卫生与安全

案例1

桂林某学术会议食物中毒事件

2018 年 8 月 25 日，桂林帝禾国际大酒店参加学术会议的 500 余人在酒店吃过晚宴后陆续出现腹泻、呕吐、发烧等症状，情况严重的 100 多人分别被送往桂林市多家医院治疗。截至 2018 年 8 月 27 日 18 时，共有 92 人入院治疗，无危重及死亡病例。2018 年 9 月 1 日，官方通报：有 159 人分别被送往桂林市多家医院就诊，其中 92 人入院治疗，这是一起由沙门氏菌感染引发的食源性疾病事件。

在民宿经营时如何保证食品制作安全，严把民宿食品安全，保障“舌尖上的旅行”，是这一部分重点探讨的内容。

（一）个人卫生要求

1. 良好的个人卫生习惯

做到“七勤”即勤洗手、勤剪指甲、勤洗澡、勤理发、勤洗衣服、勤洗被褥、勤换工作服，使自己具有良好整洁的仪表。

2. 良好的行为习惯

在工作范围内不得随地吐痰、吸烟、留长指甲、留长发（如留长发，可将长发盘起，戴专用厨师帽），不得涂指甲油、涂口红、戴饰物等，不建议在厨房范围内洗厨房用具、物料以外的物品。

3. 良好的操作习惯

保持良好的卫生操作习惯，面对食品时不做咳嗽、打喷嚏以及其他不卫生的动作，不用勺直接试味。

4. 洗手

凡有下列情形之一者应洗手：开始工作前、处理食物前、上厕所后、处理生食物后、处理弄污的设备或饮食用具后，咳嗽、打喷嚏或擤鼻子后，处理动物或废物后，触摸耳朵、鼻子、头发、口腔或身体其他部位后，以及从事任何可能会污染双手活动（如处理货物、执行清洁任务）后。

（二）洗手消毒图

洗手应按规定的正确方式进行，正确的洗手方式如图 4.1 所示。

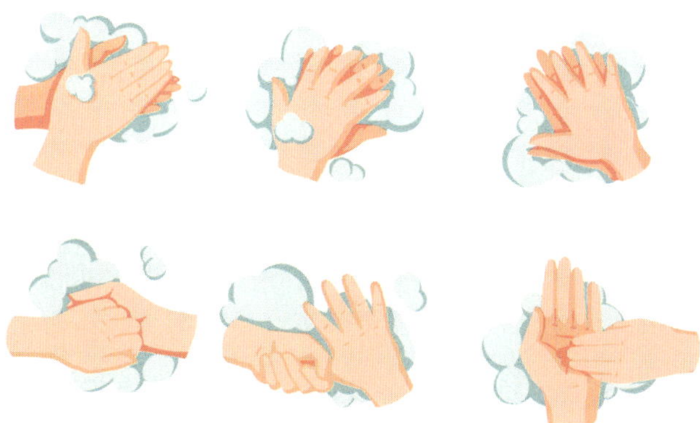

▲ 图 4.1　洗手消毒

（三）食品加工用抹布、毛巾、菜板、菜刀的清洗消毒

抹布具有良好的吸污力和吸水力，在含水状态下，易造成细菌繁殖。其污染情况多和菜板、墩、菜刀相同，因此每天应当进行清洗、消毒。根据场所、使用目的

应准备大量专用抹布分别使用。抹布的清洗、消毒过程是：

（1）用加洗涤剂的热水洗净。

（2）反复的涮洗。

（3）煮沸消毒 30 分钟。

（4）热风机干燥（或太阳干燥）。

（5）保洁存放。

▲图 4.2 厨具

食品加工过程使用的毛巾应参照抹布消毒程序分别进行清洗消毒。菜刀应每日清洁，做到光亮洁净，并用 75% 酒精擦拭消毒（图 4.2）。

菜板（墩）的清洗、消毒应经常进行。注意生熟分开，注意区分肉类、水果、糕点类案板和刀具。

由于木质菜板吸湿性的特点，食品的浸出物和水、细菌可一起被吸入（浸进），往往成为细菌的良好滋生地。无论怎样清洗，其效果也是在表面。因此木质菜板经常要用刀刮除菜板上的油污、杂物；并用 150 ~ 300mg/L 有效氯消毒液消毒或用沸水浸烫 10 分钟以上；消毒后或浸烫后菜板应立即晾放，保持清洁。

（四）餐具清洗消毒保洁方法

1. 清洗方法

按照以下步骤采用手工清洗方法进行清洗：

（1）刮掉附着在餐饮具表面上的大部分食物残渣、污垢（即“一洗”）。

（2）用含洗涤剂溶液洗净餐饮具表面（即“二刷”）。

（3）最后用清水冲去残留的洗涤剂（即“三冲”）。

2. 消毒方法（“四消毒”）

（1）物理消毒：包括煮沸、红外线等热力消毒方法。

① 采取煮沸消毒应控制温度 100℃保持 10 分钟以上。

② 采用红外线消毒，一般控制温度 120℃保持 15 分钟以上。

（2）化学消毒：主要为各种含氯消毒药物。

① 使用浓度应为有效氯 250PPM（250mg/L）以上，餐饮具全部浸没入液体中，作用 5 分钟以上。一般当红外线设备出现故障时，餐具消毒采用此化学消毒法。不受热力的餐具，如塑料杯、玻璃杯、木筷子等（以及厨房砧板、抹布等）都采用此方法。

② 化学消毒后的餐饮具应用净水冲去表面的消毒剂残留。

③ 消毒用的消毒液每次使用时都要更换一次，需重新配置。

3. 保洁方法（“五保洁”）

消毒后餐具清洁指标如下：

红外线消毒：光洁、干爽；无污渍，水渍和茶渍。

化学消毒：光洁，无油渍和污渍。

（1）消毒后的餐饮具要自然滤干或烘干，不应使用手巾、餐巾擦干，以免受到再次污染。

（2）消毒后的餐饮具应及时放入餐具保洁柜内。

（3）食具保洁柜每天用消毒水清洁一次，并做到无杂物、无苍蝇、无蟑螂。

（4）从保洁柜中取出餐具时，操作人员应带一次性手套。

二、早餐与饮品

许多爱彼迎房东会为房客提供早餐，以更好地提升他们的住宿体验。如果你的民宿周边没有足够的就餐场所，早餐的提供就显得尤为重要。你可以选择将早餐费用提前记入房费，或是单独为早餐收费。

早餐的种类可以是中式的豆浆、油条、包子、馒头、汤圆、稀饭等，或者是西式的面包、果酱或芝士火腿；配上鸡蛋会使早餐更有营养；饮品可以选择茶、咖啡、果汁、牛奶、酸奶、豆浆等。当地食材制作的特色早餐往往深受房客的欢迎（图 4.3）。

▲ 图 4.3 客人用早餐

案例2

龙脊江边民宿特色早餐

考虑到入住民宿的客人通常会住上两晚以及不同房客的饮食偏好，龙脊江边民宿的管家为房客提供西式、中式两种早餐选择。早餐种类本着本地特色、制作方便、口味大众、油烟小（管家在民宿开放式的厨房中制作早餐），以及食材容易保存的原则，中式早餐为桂林本地的特色米线，配上四碟小料和煎蛋；西式早餐为华夫饼或三明治。饮料提供牛奶、咖啡、茶，以及本地特产百香果饮品。用餐地点选择在民宿景致最好的客厅落地窗前。

管家会在提供早餐的前一天晚上询问房客第二天的用餐选择以及时间，提前准备好食材（如浸泡米粉）。管家会在开放式的厨房制作早餐，客人入座后，会给客人先送上饮品，在他们欣赏窗外早晨美景的过程中，送上热腾腾的早餐。餐具的选择别具一格：中式早餐都选用与民宿木楼结构相符的原木材质，西式早餐则配上传统的西餐不锈钢刀叉、瓷碟。

美味又有颜值的早餐受到客人的普遍欢迎，很多客人会用手机拍下早餐，定位自己所处的“龙脊江边民宿”（该地址定位已提前由管家申请认证，方便搜索定位），发布朋友圈，在展现自己美好一天开始的同时，也顺带推广了民宿。完成入住的客人评价中，有一半以上的客人都会称赞早餐的美味（图 4.4 和图 4.5）。

▲ 图 4.4　西式早餐

▲ 图 4.5　中式早餐

早餐制作工艺

1. 火腿蔬菜三明治（图 4.6 ~ 图 4.8）

（1）材料：面包片 3 片、生菜 1 片、鸡蛋 1 个、火腿 1 片、沙拉酱或番茄酱、西红柿 1 个。

（2）工艺制作。

① 将鸡蛋打撒，开火，锅内倒入适量油烧 5 ~ 6 分熟，将鸡蛋倒入，平铺在锅底，转中小火，将锅轻微晃动，使鸡蛋不粘锅底，等鸡蛋底熟了，将鸡蛋翻一下，煎熟，关火，装盘备用。将生菜、西红柿洗好，西红柿横切。

▲ 图 4.6　火腿蔬菜三明治食材准备示意

② 拿起第一片面包，涂上沙拉酱放一片生菜，再涂沙拉酱，放鸡蛋，再涂沙拉酱，再放第二片面包；在第二片面包上涂沙拉酱，放西红柿，再涂沙拉酱，再放火腿，再涂沙拉酱，最后放第三片面包。

③ 将三明治四边切掉，用牙签固定，再顺着对角线切开，摆盘即可。

▲ 图 4.7　沙拉酱涂抹示意

▲ 图 4.8　火腿蔬菜三明治摆盘示意

2. 什锦营养粥（图 4.9 ~ 图 4.11）

（1）材料：大米，玉米粒，胡萝卜，香菇，火腿。

（2）工艺制作。

① 把大米洗净泡 1 小时以上，胡萝卜洗净切成小粒，玉米粒可以用罐头的，香

菇、火腿也切成小粒。

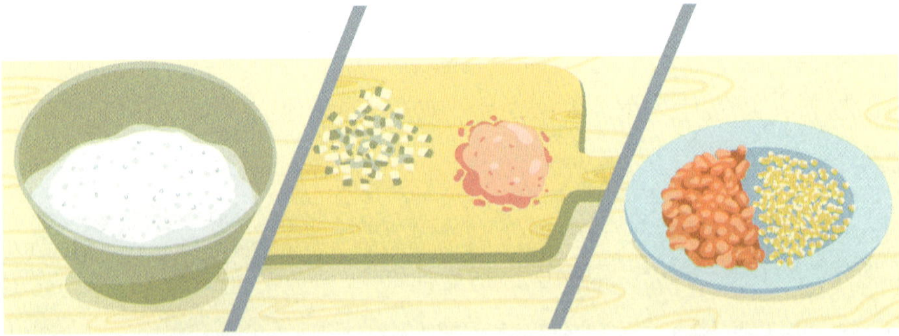

▲ 图 4.9　什锦营养粥食材准备示意

② 将大米中放些色拉油，同时放入香菇粒、火腿粒然后开始煮。

③ 开锅后，放入胡萝卜、玉米粒，按一个方向，边煮边搅拌，20 分钟后放撒入葱花，最后用盐调味即可。

▲ 图 4.10　什锦营养粥制作步骤示意

（3）小诀窍：用鸡汤熬煮此粥，味道更佳。

▲ 图 4.11　什锦营养粥装盘示意图

3. 荷包蛋吐司（图 4.12 ~ 图 4.14）

（1）材料：吐司 1 片、鸡蛋 1 个、盐少许、黑胡椒碎少许。

（2）做法。

① 吐司切片，用圆形的模具或者杯子在吐司中间压出一个圆孔。

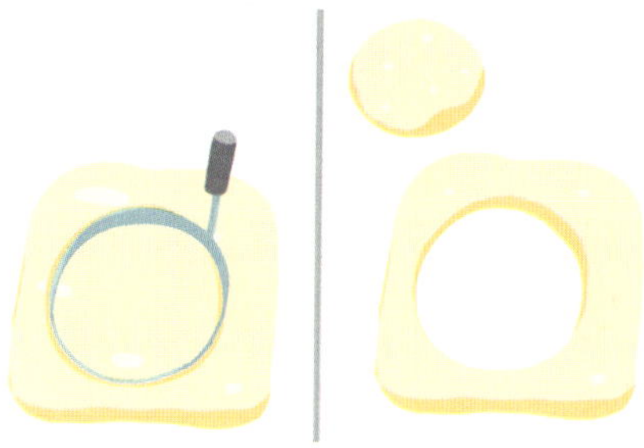

▲ 图 4.12 荷包蛋吐司操作示意

② 锅中倒入一点点油，油温热时把吐司放入。把鸡蛋打入中间的圆孔中，撒上少许盐和黑胡椒碎，小火煎到底部蛋白凝固。

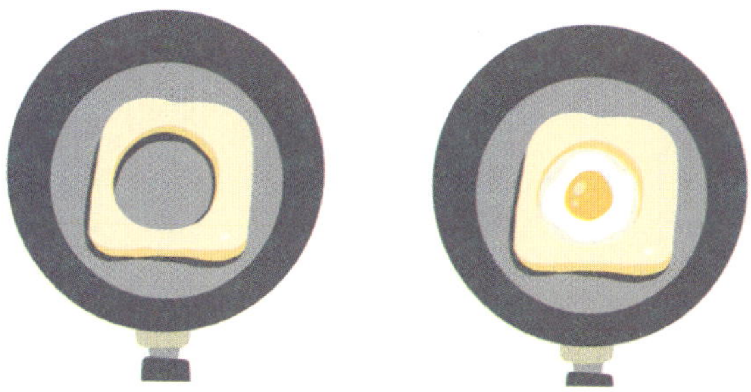

▲ 图 4.13 荷包蛋吐司烹饪示意

③ 把压出来的圆形面包片盖在鸡蛋上，然后翻面，继续小火把荷包蛋煎熟，并撒上少许盐和黑胡椒碎即可享用。

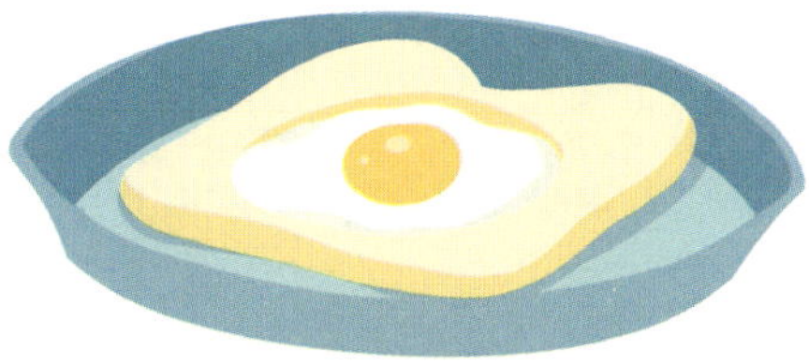

▲ 图 4.14 荷包蛋吐司摆盘示意

三、思考

1. 餐饮人员个人卫生要求有哪些?

2. 如何用鸡蛋设计制作 3 款美食，有哪些注意事项?

模块五 房务

一、民宿客房清洁程序

（一）民宿客房清扫前的准备工作

准备好做清洁用的工具篮，检查清洁工具是否齐全，清洁工具应包括全能清洁剂、马桶刷、牙刷，各色抹布、镜布及手套等，以下图片中打“×”的工具不宜用来清洁客房（图 5.1 ~图 5.12）。

▲ 图 5.1　马桶刷

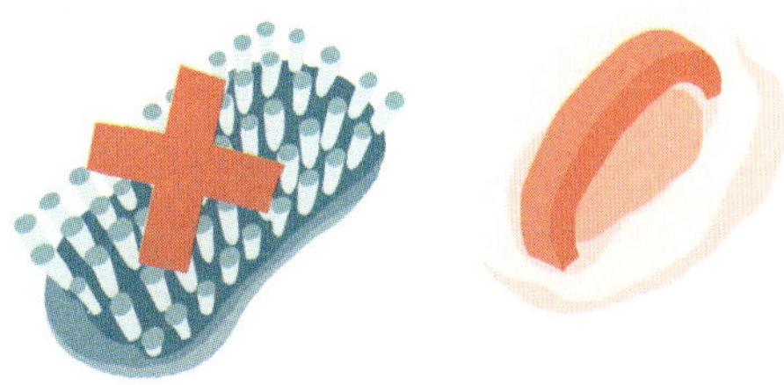

▲ 图 5.2　浴缸刷

▲ 图 5.3　百洁布

▲ 图 5.4　刀片

▲ 图 5.5　配比瓶

▲ 图 5.6　各色抹布

▲ 图 5.7　清洁篮（恭桶刷、浴缸刷、海绵球、万能清洁剂）

▲ 图 5.8　工具齐全的清洁篮图片

民宿公共区域清洁工具图片：

▲ 图 5.9　夹拖

▲ 图 5.10　榨水车

▲ 图 5.11 尘拖

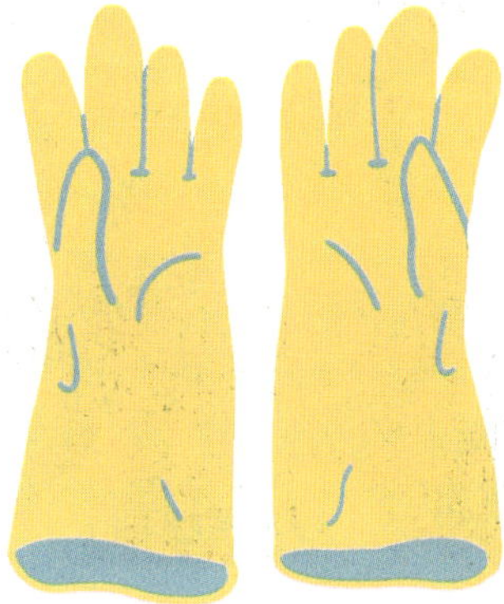

▲ 图 5.12 手套

（二）民宿客房清洁流程

1. 进入房间

确认客人已退房离开后，可直接开门进入房间。

无法确认的情况下，敲门三下，确认没人后再进入房间。

2. 巡视检查

开窗透气，打开房间所有照明灯具，检查是否完好有效。检查和调节空调至适当温度，巡视门、窗、窗帘、墙面、天花板、电视、电话及所有家具是否完好，如有损伤及时修复。如果是走客房应检查是否有客人的遗留物品，若有发现，做好记录，随后与客人联系（图 5.13）。

▲ 图 5.13 检查客房设施

3. 清洁垃圾

清理房间内垃圾桶及烟缸内的垃圾前，应检查垃圾桶内是否有文件或有价值的物品，烟缸内是否有未熄灭的烟头，清洁垃圾桶和烟缸，确保垃圾桶及烟缸干净无污迹，更换新垃圾袋。然后清理脏了的布草，床上的布草逐层拆撤，将床上被芯和枕芯放在椅子或沙发上，换下床上的布草连同浴室内更换的毛巾一起，放入布件袋

▲ 图 5.14　清理垃圾

中。然后换上干净的布草（图 5.14）。

4. 铺床

按照中式铺床的操作流程，规范地铺床，要求：床单正面朝上，被子、枕头的四角丰满到位，枕芯不外露，整张床面平整、对称、美观（图 5.15）。

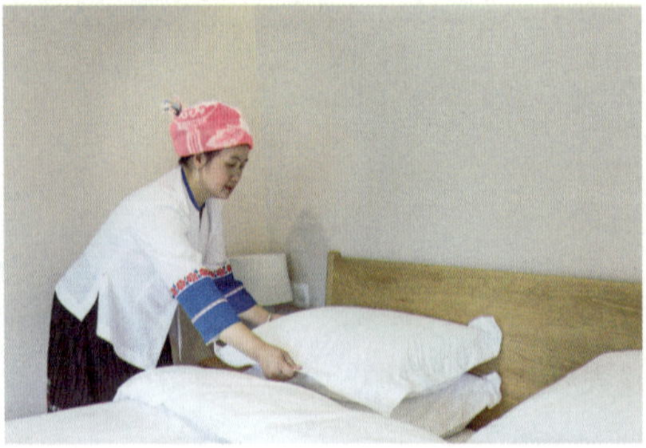

▲ 图 5.15　铺床

5. 清洁浴室

（1）开启排风口。

（2）清洁马桶，使用多功能清洁剂，用马桶刷从上至下进行刷洗，刷完后马桶刷用专用的容器装好，以免水滴滴脏地面，用专用颜色的抹布将马桶外部擦洗干净并擦干，不能有遗留的水珠，清洗干净的马桶要盖好马桶盖。

（3）用湿布蘸少量的清洁剂从上至下、从里至外清洁墙面和地面并擦干。

（4）清洁镜面，将玻璃清洁剂喷在镜面上，用干净抹布从上至下擦净，最后用镜布擦亮，从侧面看无任何痕迹即可。

（5）清洁不锈钢水龙头，用牙膏清洁不锈钢物件，然后用水冲洗干净，用干布将其表面擦净，再用镜布擦亮。清理干净后，水龙头的开关与出水口平行。浴室喷头朝向墙壁。

▲ 图 5.16　清洁浴室

（6）使用面盆清洁剂清洁面盆，然后放水冲洗干净，用专用颜色的干净抹布将其擦干净，并擦净面盆台面。

（7）清理干净的浴室应整洁、干净，无水渍、无毛发、无异味、无皂印（图 5.16）。

6. 搽尘

准备一湿一干两块抹布，按顺序用抹布擦拭门框、窗台、桌面、床板及灯具，达到一尘不染，擦拭灯具时，检查灯泡有无损坏，如有要及时更换。

7. 补足用品

补足相应的客用品，补充已经消毒好的杯具。将浴室门打开 30°（图 5.17）。

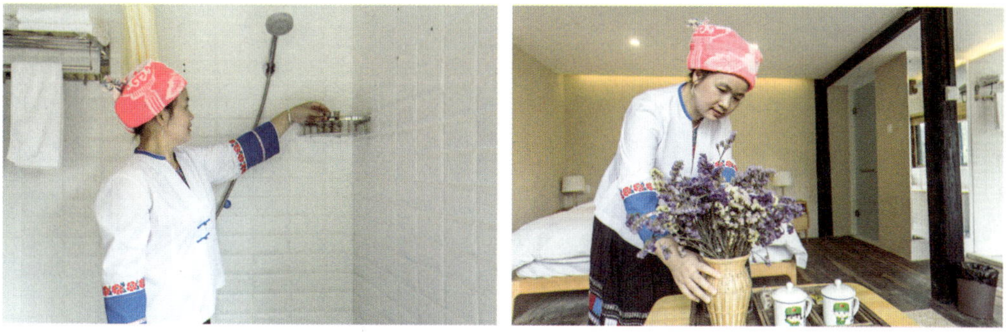

▲ 图 5.17（a）（b） 补足用品

8. 拖地

从里往外拖，整个地面应干净、无灰尘、无毛发。

9. 环视检查房间

房间物品应摆放整齐，床面平整美观。

10. 离开房间

检查合格后方可离开房间。

★注意事项

收出客人使用过的杯子，统一清洗干净进行消毒，房间的杯子一定是消毒杯。

（三）查房

完成清洁流程后，可以通过以下方法自查或由管家检查。

查房方法：顺时针或逆时针看、听、闻、摸、试。

（1）摆放是否整齐（看）?

（2）物品是否齐全或多余（看）?

（3）观察是否有蚊虫、毛发等（看）?

（4）空调是否有杂音等（听）?

（5）房间是否有异味等（闻）?

（6）卫生是否合格（摸）?

（7）设备是否能用（试）?

（8）水龙头是否有水锈（试）?

（四）房间清洁卫生标准

▲ 图 5.18　客房全景

查房后房间的整体情况（图5.18）：

（1）检查后房间应干净清洁，无毛发、无污渍、无灰尘、无异味、物品符合对客呈现，设备完善能正常使用（这是感官标准）。

（2）杯子、布草、设备用品无病毒、空气清新（这是生化标准）。

总之，房间清洁的卫生标准：眼睛能看到的地方无污迹；手能摸到的地方无灰尘；设备用品无病毒；空气清新无异味，房间卫生达“十无”。

难点解析

客房卫生“十无”：天花板墙角无蜘蛛网，地面干净无杂物，房间无虫害（老鼠、蚊子、苍蝇、蟑螂、臭虫、蚂蚁），玻璃灯具无积尘，布草洁白无破烂，杯具消毒无痕迹，铜器银器光亮无锈污，家具设备整洁无残缺，墙纸干净无污迹，卫生间清洁无异味（表5.1）。

表 5.1　管家查房流程考核

打扫人:		检查人:
房号:		检查日期:
评分标准:（1）每项符合得满分，不符合得零分，没得分的项目在备注栏加以说明。 （2）90 分即为合格。		

（续表）

<table>
<tr><td>打扫人:</td><td colspan="2"></td><td colspan="3">检查人:</td></tr>
<tr><td>房号:</td><td colspan="2"></td><td colspan="3">检查日期:</td></tr>
<tr><td>步骤</td><td colspan="2">考核项目与内容</td><td>分值</td><td>得分</td><td>备注</td></tr>
<tr><td rowspan="2">开门 / 开灯</td><td colspan="2">按进门程序敲门进入房间，打开房间灯</td><td>2</td><td></td><td></td></tr>
<tr><td colspan="2">逐一检查控制开关能正常使用，无松动，无污渍灰尘</td><td>2</td><td></td><td></td></tr>
<tr><td rowspan="2">房门</td><td>门</td><td>检查房门整体是否有灰尘、门牌号是否干净无蜘蛛网；侧看门上有无变形、有无油漆脱落；检查门口地毯是否干净，有无污渍</td><td>3</td><td></td><td></td></tr>
<tr><td>配套设施</td><td>用手反复三次转动门把手，检测是否灵活无阻力；检查门吸能否正常使用、有无松动</td><td>4</td><td></td><td></td></tr>
<tr><td rowspan="7"></td><td>空调</td><td>检查空调是否能正常使用、有无异响；出风是否无异味、机身与出风口有无脏迹</td><td>2</td><td></td><td></td></tr>
<tr><td></td><td>茶具是否齐全，有无破损，有无灰尘</td><td>2</td><td></td><td></td></tr>
<tr><td></td><td>沙发是否整齐无褶皱，有无污渍，有无起球</td><td>2</td><td></td><td></td></tr>
<tr><td rowspan="2">窗户 / 窗帘</td><td>推拉窗户，检查开启及限位器是否使用正常</td><td>1</td><td></td><td></td></tr>
<tr><td>上下拉动窗帘，检查窗帘是否干净、无污渍、无霉点，拉动是否顺畅</td><td>2</td><td></td><td></td></tr>
<tr><td rowspan="5">床头柜</td><td>检查垃圾桶摆放是否正常、垃圾袋有无破损，桶四周有无污渍</td><td>2</td><td></td><td></td></tr>
<tr><td>检查防毒蚊香器（可选项）上是否配有蚊香，且是否干净无积尘</td><td>2</td><td></td><td></td></tr>
<tr><td rowspan="7">睡眠区</td><td>检查各类灯具控制开关是否正常使用并开启灯光；查看床头台灯摆放位置，有无灰尘或松脱</td><td>2</td><td></td><td></td></tr>
<tr><td>检查床头柜是否干净无浮尘，床头柜后侧及下方有无遗留物品或杂物</td><td>2</td><td></td><td></td></tr>
<tr><td>手电筒和防毒面具有无灰尘无污渍，有无拆封</td><td>3</td><td></td><td></td></tr>
<tr><td>床箱 / 床板</td><td>检查床头板 / 床箱 / 床板 / 床垫是否牢固平稳、有无移位、有无灰尘</td><td>2</td><td></td><td></td></tr>
<tr><td rowspan="3">床上布草</td><td>检查床单 / 保护垫有无破损、毛发、污渍、血渍；是否按标准包紧平整</td><td>2</td><td></td><td></td></tr>
<tr><td>检查枕头摆放是否美观挺阔；有无破损、污渍、毛发；枕芯是否舒适无结团，不过于稀疏平踏</td><td>3</td><td></td><td></td></tr>
<tr><td>检查被子是否平整挺阔，有无严重起球现象；有无污渍毛发；被角有无拖地</td><td>3</td><td></td><td></td></tr>
</table>

（续表）

打扫人：			检查人：		
房号：			检查日期：		
卫生间	洗漱区	电水壶上有无污渍、积水；检查一次性客耗品备量	4		
		检查咖啡茶饮备量，咖啡机的出水量	2		
		检查面盆与活塞、溢水口有无毛发污渍、划痕；水龙头、立柱有无水迹、污渍、灰尘	2		
		侧看卫生间镜子上有无水迹手印、有无水银脱落	3		
	淋浴区	检查墙面、地面有无脏迹与积水	2		
		检查门框整体有无污渍水迹、卫生间门是否开启关闭正常	2		
		目测天花有无松动、污渍、蜘蛛网；灯具内有无杂物；排气扇能否正常使用，有无异响	3		
		拿起地漏，检测有无异味与杂物堵塞	2		
		检查淋浴墙壁与玻璃有无水迹、毛发，浴门拉手有无松脱	3		
		检查淋浴龙头与花洒头有无水迹、软管是否摆放美观；玻璃置物架上有无污渍、残留水渍	4		
		检查洗浴套装是否备齐，足量	2		
		打开地巾，检查上方有无污渍、毛发和掉线	2		
	毛巾区	检查浴巾放置周围是否干净无积尘	1		
		检查巾类摆放是否符合标准；检查洁净毛巾是否有污渍、线头	2		
	恭桶区	检查马桶盖开启是否灵活；冲水与出水是否正常，有无长流水现象；有无异味、污渍和尿迹	3		
		检查垃圾桶摆放标准、垃圾袋有无破损且桶四周有无污渍	1		
		检查纸巾是否按标准进行折叠，纸巾架上有无锈渍	1		
天花、墙壁、地面	检查卫浴间地面是否有水迹毛发；房间地面有无破损、起翘，有无污渍、脚印、毛发		2		
	目视一周，检查天花墙壁是否有裂缝污渍、霉点，墙角是否有蜘蛛网		2		
离开房间	退出时检查是否只有廊灯和排气扇开启，其余关闭		2		
整体情况	检查后的房间应干净清洁，无毛发、无污渍、无灰尘、无异味，物品符合对客呈现，设备能正常使用		3		
流程	准备并携带检查工具（干 / 湿抹布等）		2		
	选好基点以顺时针或逆时针方向有序进行		1		
	顺手及时清洁和补漏，记录发现问题，对需要报修的问题及时报修		2		
	检查过程中报出发现问题，并提出解决办法		2		
	总得分		100		

二、民宿客房清洁剂

（一）清洁剂分类

1. 酸性清洁剂

民宿客房常用：恭桶清洁剂及除锈剂等，如图 5.19 和图 5.20 所示。

▲ 图 5.19　除锈剂

▲ 图 5.20　恭桶清洁剂

2. 中性清洁剂

常用：多功能清洁剂（全能清洁剂）、洗地毯水等，如图 5.21 ～图 5.23 所示。

▲ 图 5.21　全能清洁剂

▲ 图 5.22　多功能清洁剂

▲ 图 5.23　干泡地毯清洁剂

3. 碱性清洁剂

常用：玻璃清洁剂、洁而亮、抛光蜡等，如图 5.24 ～图 5.26 所示。

▲ 图 5.24　玻璃清洁剂

▲ 图 5.25　洁而亮

▲ 图 5.26　抛光蜡

▲ 图 5.27　不锈钢清洗剂

▲ 图 5.28　擦铜水

4. 上光剂

常用：不锈钢清洁剂、擦铜水、地面蜡等，如图 5.27 和图 5.28 所示。

5. 溶剂类

常用：地毯除渍剂、空气清新剂、医用酒精等，如（图 5.29 和图 5.30）所示。

注意：任何清洁剂都要严格按照说明书正确使用。

▲ 图 5.29　空气清新剂

▲ 图 5.30　医用酒精

（二）清洁剂使用规范

按清洁剂的特性：主要划分为酸质、碱质、腊质三类；每一类均有专项的使用范围，因属化学剂类，所以要有正确的使用方法，一旦乱用，将导致反作用的化学反应，并且会损坏物件的品质。

1. 安全操作须知

（1）使用各种清洁剂前应先阅读使用说明书，并注意包装上的标志，严格按规定操作，确保使用安全。

（2）使用酸性、腐蚀性的清洁剂时，要佩戴胶手套，做好安全措施，避免进入眼睛或接触皮肤。

（3）各种带有危险标志的清洁剂，应存放在阴凉、通风的地方，并详细看清容器外的说明。

（4）各类清洁用品，应远离火源或热源。

（5）如是首次使用各类清洁产品，请先在不显眼处，测试被清洁物品的颜色等化学反应。

（6）清洁剂使用完后，应将清洁剂瓶身或包装容器抹干净存放好。

2. 急救措施

（1）查阅清洁剂包装上的急救措施和方法。

（2）如不小心接触眼睛，应立即用足量的清水冲洗 15 分钟，如不能停止刺激感，应去医院就医。

（3）如不小心接触皮肤，应用肥皂和清水清洗受感染部位，若不适感持续必须立即就医。

（4）如不小心吞服，可服用两杯或更多的水或牛奶，然后就医，不要诱导呕吐。

（5）如吸入产品的雾状体，应立即离开该地区，如仍感不适，请立即就医。

（三）常见污渍处理方法

1. 污迹清洁的一般原则

（1）快：任何污渍，逗留在物体上时间越长越难清除。所以，发现污渍应尽快清除。

（2）由外至里：任何污渍，遇到被溶解的物质时，必然向外扩散，所以，清理污渍时应从旁边向中心擦拭。

（3）先吸后洗：对于液体性质的污渍，应尽快用干布吸去，然后再用清洁剂清理。

2. 常见污迹的清洁方法

一般来说，温水和洗洁精可以清除大部分硬性物体表面的污渍，但是如果污渍是渗在软性或半软性物体上的话，就不容易清洁了，表 5.2 中是各种污渍在软性或半软性物体表面时的清洁方法。

表 5.2　不同污渍对应的清洁方法

污渍	清洁方法
血迹	用冷水浸泡，用干布吸干，然后用海绵块蘸上清洁剂擦拭，吸干溶液，用清水洗干净。
口香糖	使用 ICA 除渍剂去除。
黄油	将能够刮掉的黄油刮掉，再使用除油剂去除。
呕吐 / 尿液	使用地毯除渍剂去除。
红酒迹	使用 ASO 除渍剂去除。
可乐 / 巧克力 / 牛奶	使用地毯除渍剂去除。
咖啡	用海绵块蘸上 ASO 清洁剂或白醋擦拭，吸干溶液。
茶水	用海绵块蘸上 ASO 清洁剂或白醋擦拭，吸干溶液。
墨水	用冷水冲洗，直至墨水变淡，然后用稀释的草酸溶液浸湿污渍，过 2~3 分钟再用稀释的高锰酸钾溶液浸泡 2~3 分钟，之后用清水过，吸干。
油腻食物	彻底清除食物，再使用除油剂去除污渍。
油脂	使用除油剂去除。
鞋油	用海绵块蘸上干洗剂擦拭，吸干溶液。如果色斑难以清除，用海绵蘸上漂白剂擦拭，并吸干。
蜡迹	使用起蜡水去除。

三、民宿中式铺床

（一）中式铺床简介

1. 中式铺床必需品

▲ 图 5.31　传统中式铺床效果展示

床上物品包括：1 张床单，2 个枕套，以及床被套。

2. 传统中式铺床效果展示如图 5.31 所示。

（二）中式铺床的流程

核心是及时更换干净的床上布草，保

持床铺干净、整洁、舒适。

（1）逐条撤掉脏的床单，抖松床单看看是否有客人的物品等。

（2）检查床垫和床下是否有遗留物品或污渍（如床垫受污，需及时更换），把床放到中央。

（3）铺置新的床上物品，包括 1 张床单，2 只枕套以及 1 床被套。

（4）铺床程序（7 步）：

第一步，拉床（床架与床靠一体无须拉床）。

第二步，对正床垫、整理保护垫。

第三步，铺床单：包紧床垫四个角，包角有弧度；床单正向，中线居中。

第四步，套被子：将被芯套入，床头板一侧被子与床头平齐，被套中线居中，床尾内衬不外露，被角不垂地。

第五步，套枕头：将枕芯套入，枕角饱满；枕套中线居中，开口向内。

第六步，放置枕头，再铺上床尾垫，放好靠枕。

第七步，将床复位。

难点解析

① 铺新床单前，将烟灰缸带到卫生间清洁，以免让烟灰飞起。

② 使用干净的床单、被套、枕套进行更换，确保铺床所用布草无污迹、无破损。

③ 铺完床后，床保持干净挺括，无毛发。

④ 铺床要求服帖、整洁、美观。

四、民宿客人遗留物品服务流程

案例

不见的隐形眼镜

王先生夫妻俩从广州来桂林旅游，住进了一家有特色的民宿客房。第三天一早他们离店去了机场，但到机场后，王夫人发现自己的隐形眼镜不见了，于是他们四处寻找也没有找到。无奈只能找店内的负责人，经核实是服务员进入房间打扫卫生，不小心把杯子里的隐形眼镜和药水当作剩水给倒掉了。

（1）管家在发现客人遗留物品后，若客人尚未离店应立即交还客人；若客人已离店，则应询问客人处理方式（邮寄 / 自取 / 抛弃）；若联系不上客人则做好详细登记，以便跟进联系。

（2）当客人前来认领时，管家负责核准，并请其在《客遗物品登记表》（表 5.3）上签字。

（3）客人回来认领时，需复述一次报失物品的内容与遗失地点，核准后如数交还给客人，如是贵重物品还必须留下客人的身份证号和联系方式 / 地址，必要时需拍照存档。

（4）遗留物品分类。

贵重物品：珠宝、银行卡、支票、现金、相机、手表、身份证、护照、衣物、眼镜等。

非贵重物品：食品、日常用品等。

（5）保存时限：贵重物品存放时间为半年，非贵重物品保留时间为三个月，开启的食物、饮料及药品保留时间为三天（不得食用任何客人遗留下来的食 / 饮品），超过保留期的物品，交予管家作为充公财产。

表 5.3　客人遗留物品登记

客人遗留物品登记表								
日期	房号	客人姓名	物品信息（名称 / 件数）	电话号码	拾获人	接收人	领取人	备注（处理方案）
备注：								

五、思考

1. 民宿客房清洁卫生流程是什么？
2. 民宿客房常用清洁剂名称是什么？
3. 民宿客房清洁卫生的标准有哪些？
4. 如何控制客房卫生质量？

模块六

财务与定价

一、基本定价策略

住宿产品是一家民宿的核心，合理的市场定位与定价，能让民宿迅速增收。

民宿常用的定价方法有投资回报周期法、目标利润定价法、需求差异定价法、随行就市定价法。这些定价方法主要是根据投资、成本、利润、竞争需求的不同进行定价。

（一）投资回报周期法

某民宿坐落在一景区内，共有客房 6 间，客房总投资为 38 万元，预计民宿投资回报周期为 4 年，每年所需利润回报为 38 万元 /4 年 =9.5 万元。假设民宿净利润率为 20%，那么倒着推算一下，此民宿预计每年的营业收入约为 47.5 万元。

利润额 / 净利润率 = 营业收入

95000 / 20%=475000

预计出租率为 60%，一年 365 天，每间客房平均房价为：

营业收入 /（房间数量 × 出租率 ×365 天）= 每间客房平均房价

475000 /（6×60%×365）= 361.49 元（约 362 元）

根据以上计算结果，该民宿每间客房的平均房价为 362 元。投资回报周期法是站在投资人角度，首先确定民宿在投资回报周期内每年所需的利润额，根据利润额和净利润率计算其营业收入，再依照市场的情况估算其客房出租率，最后确定客房的平均房价。此价格只是全年的平均房价的参照，每日实际房价还需按照民宿淡旺季和旅游的高低峰趋势适当地进行调整。另外，此方法还需与市场调研、项目分析相结合，最终确定民宿定价。

（二）目标利润定价法

某民宿坐落在景区内一个百年古壮族村，共有客房 8 间，客房全年总花费为 30 万元，民宿要实现目标利润率 25%，目标营业收入为：

总成本 + 目标利润 = 目标营业收入

300000 + 300000 × 25% = 375000 万元

预计出租率为 50%，一年 365 天，每间客房平均房价为：

目标营业收入 /（房间数量 × 出租率 ×365 天）= 每间客房平均房价

375000 ÷（8 × 50% × 365）=256.85 元（约 257 元）

根据以上计算结果，该民宿每间客房的平均房价为 257 元。目标利润定价法是以民宿的成本为基础，加上一定的目标利润计算出来的平均房价。首先确定民宿的目标利润，根据目标利润计算其营业收入，再依照市场的情况估算其客房出租率，最后确定客房的全年平均房价。

思考

假定在以上例子中，民宿房东认为现在的房价有些偏高，需要进行调整，但不清楚房价的最低点如何确定。请你帮他计算保本时的房价是多少？

（三）需求差异定价法

需求差异定价法是指根据不同的客人、未来时期客人对房间的预订情况及客房存储情况，在不同的季节、不同的时间以及一天中的不同时段，随时调整和改变客房价格，以实现客房效益最大化（图 6.1）。

▲ 图 6.1　爱彼迎平台某民宿不同时间定价

1. 以时间为基础的差别定价

以时间为基础的差别定价，就是指可根据民宿经营时间的不同分为旺季价格、淡季价格、工作日价格、周末价格等。民宿的淡旺季和旅游的高低峰趋势是息息相关的，一般城市旺季是每年 5 ~ 10 月，淡季则是每年的 11 月 ~ 次年 4 月。虽然可能会有一些突发因素（如开学季、某个景点突然爆火等）造成一些波动，但整体形势不会有大的变化。在旺季，民宿房源的价格相较于淡季普遍会上涨 20%~50%，订单量可能还会源源不断，但从旺季到淡季，订单量会大幅下跌，价格也普遍较低。开一年民宿却只有半年赚钱的情况也可能发生，这时候就需要民宿用优质的服务和有吸引力的价格来争抢有限客源了。

2. 以产品为基础的差别定价

以产品为基础的差别定价，就是指可将客房根据客人不同的需求特征和价格弹性分为山景标准房、日出景观大床房、全景豪华家庭房等。

3. 以空间为基础的差别定价

以空间为基础的差别定价，以民宿所在地位置，采取地区差异性的定价。如当地人均收入，民宿距离景点的距离及其交通便利的情况。

案例1

龙脊梯田江边民宿定价实操

龙脊梯田江边民宿坐落在龙脊梯田景区内一个有着几百年历史的村落，房子是传统干栏式建筑，在保留房屋传统木质结构和文化元素的基础上，经过知名设计师的现代化改造。配备有空调、电视、吹风机、除湿机、书桌和1.8米宽的双人床。村子自然环境优美，被山峦和溪水环抱，有小路与核心景区相连。房间有独立的卫浴和可以欣赏到山间美景的浴缸。民宿内共有复式、大床两种房型，共6间房，分别命名为微风、细雨、晨曦、斜阳、稻香和竹海。

难点解析

（1）以时间为基础的差别定价。12月中旬的龙脊梯田正式进入旅游淡季。此时客房的定价达到一年中的最低值，较基础房价下降10%～40%。4月开始旅游回暖，每年的6～10月是龙脊梯田最佳旅游时间，正式进入旺季，客房价格上调20%～50%，在节假日的时候，订单量大幅增加，价格也随之上涨。对于流量较大的目的地来说，可提前涨价。表6.1为龙脊梯田某民宿的参考定价：

表6.1 龙脊梯田民宿参考定价

房型	旺季（6～10月）	淡季（11月~次年5月）
复式	588元	428元
大床房	468元	328元

春节期间（2月4～10日）

2月4日（原价）	2月5日（+150）	2月6～10日（+400）	2月11日（原价）	2月12～19日（-100）

国庆节（10 月 1 ~ 6 日）

9 月 30 日（+200）	10 月 1 ~ 5 日（+400）	10 月 6 日（+200）	10 月 7 日（原价）	10 月 8 ~ 12 日（-100）

▲ 图 6.2　以产品为基础的差别定价

（2）以产品为基础的差别定价。江边民宿可以根据不同的房型和景观设定不同的价位，以满足客人不同的需求，同时对某些房型进行短时促销。图 6.2 为江边民宿在爱彼迎网站上的定价展示页面。

（四）随行就市定价法

随行就市定价法是以同一地区、同档次竞争对手的客房价格作为本身定价的参考，来确定客房价格。市场存在竞争，每个房源的具体竞争对手是它周边的房源，一定要时常关注周边民宿的价格，合理设置自己的定价。一般可以采用两种方法：一是将一定数量（一般为 10 家左右）的同等级民宿的平均价格水平作为定价目标；二是追随当地有特色和标志性的民宿价格，作为参考来制定自身的客房价格，这样有利于抓住市场机会。竞争对手的分析可通过市场调查来进行。具体调查内容为售卖价格、房间体量、增项设施、增项服务、活动内容、装修风格、房型类别、宣传、售卖渠道、渠道评分、口碑等数据。

（五）爱彼迎智能定价

爱彼迎平台提供免费的“智能定价”服务，其最终目的是提高用户获得预订的概率。该服务基于大数据，根据用户所设置的控制条件以及市场对类似房源的需求变化，自动调整决定每个可订日期的价格。用户也可以随时调整每晚价格。智能定价功能对价格的调整是基于用户房源的类型和地点、季节、需求情况以及其他因素。要开启智能定价功能，请按以下步骤操作：

（1）爱彼迎 App 切换至经营模式，前往“房源”并选择一个房源。

（2）点击预订设置，下拉页面找到的“价格及折扣”部分。

（3）点击“每晚价格”旁边的“编辑”按钮。

（4）点击“智能定价”旁边的圆圈打开智能定价功能。

（5）输入最低价格和最高价格。

（6）点击“保存”。

开启智能定价功能后，房源价格便会在用户设置的最低价格和最高价格之间自动更新。日历上的所有可订日期都适用智能定价功能，用户随时可以调整特定日期的房源价格（图 6.3）。

▲ 图 6.3　智能定价界面

二、成本费用的分类和控制

（一）成本费用的分类

成本费用是指民宿在经营过程中所占用和耗费的资金。成本费用的分类包括以下两个方面：

1. 可控成本

可控成本是管家可以直接控制的成本，是通过主观努力可以控制（改变）的各种消耗。可变成本一般是可控成本。例如，管家可以选择是否提供免费零食，或者改变种类，这就改变了食品成本。

2. 不可控成本

不可控成本是管家很少或根本没有控制的成本，是通过主观努力很难加以控制（改变）的各种消耗。固定成本一般是不可控成本。例如，财产物资保险费、固定资产折旧费等。

（二）可控成本费用的内容和控制

民宿可控成本主要集中在几个方面：

1. 物耗成本控制

物耗成本包括客房耗品、餐饮材料、商品进价成本及日常用品等。物耗成本是成本控制中可控空间最大的一个，它在很大程度上决定了民宿管理能否实现盈利的目标。

案例2

节约成本小妙招

为了节约成本，提高民宿的盈利能力，管家要对厨余实时监控，该保鲜的食品要保鲜、该冷冻的食品要冷冻、边角料创新利用，冰箱定期翻查等；这样做能在餐饮成本上降低每位顾客0.20元的食品费用。在客房消耗品方面，在不影响房间入住体验感的情况下，根据价格、淡旺季的情况，搭配不同数量和质量的消耗品。在数量上，如房间价格高的情况下，房间易耗品可以放置六件套甚至十件套，牙膏、牙刷、沐浴露、洗发露、护发素、润肤露、浴帽、针线包、鞋擦、梳子、剃须刀、护理包等。在淡季价格低时候，减少易耗品套装数量。在质量上，采购漂亮的浴液瓶，以大容量分装取代一次性的小包装，既环保又节约成本。一些易耗品不主动提供，客人有需要可以问管家来取。

难点解析

（1）对易耗品和餐饮成本控制及使用情况的高效监控，可以有效地减少浪费。

同时做好库存管理，库存不当，则会引起食物变质等情况。在每天需求量少的情况下，减少库存数量，做到当天定量采购，从而减少材料的费用成本。如果民宿提供早餐，可为客人制定早餐提供时间表，提早制定早餐提供的种类，在保证食物质量的前提下，根据季节及食物价格，灵活更新早餐提供种类。同时可通过量化食物，做到某些食物提供量与客人数量对应来减少浪费。例如，在准备早餐时，为每位客人提供一杯牛奶或两个鸡蛋，也可以稍微多准备出一些，防止出现客人不够吃的情况。

（2）民宿应采用合理采购制度和方法，采购人员应熟悉食材及周边市场动态变化。食材最好就地选购，减少运输成本。如果采购量大，要挑选合适的供应商，建立长期合作关系。做好市场调价工作，保证原料供应的稳定及价格低于市场价格。

（3）绿色环保也能节约成本。大多数爱彼迎房东在分享住宿中践行环保，60%以上的爱彼迎房东选择为房客提供大容量分装的洗漱用品，而不是独立个人装的洗漱用品。环保的行为也能受到房客的理解。有 80% 的中国房客认为共享住宿带来的环保效益是促使他们选择使用 Airbnb 爱彼迎的原因。上海的超赞房东余声在房源内会为房客提供不同颜色的垃圾袋，甚至还准备了一个“迷茫垃圾袋”，以供房客放置不知道如何分类的垃圾，既向房客传递了环保理念，又有效降低了管家垃圾分类的工作量。

（4）员工应对消耗品价格及使用数量进行统计分析，根据情况的不同，搭配不同数量和质量的消耗品。也可根据民宿文化理念及其所处位置，选择使用易耗品。如一些处在海边的民宿，会倡导保护环境、不使用一次性耗品，客人也能够理解，从而节省了部分易耗品的支出费用。

2. 人力成本控制

民宿人力成本包括工资及福利费，包括工资、奖金、津贴、补贴、过节福利、人员生活成本（住宿、服装费、员工用餐和日常生活用品购买等）。人工成本是民宿成本中的重要支出。在计算劳动力成本中，包括工资、工作人员的时薪、工资税、福利、工人的补偿，以及所有其他与工资相关的费用。一般来说，人工成本尽量不超过营业额的 40%，总成本中一般人力费用会占到 50% ~ 65%。

案例3

错误的人力成本控制范例

某民宿拥有客房8间，服务人员6名，人工成本占总营业额的50%，工作人员职业能力较弱，前台服务人员只会做一些简单接待，而不会做其他事情，如打扫卫生、网络推广营销、设备简单维修等。常出现2～3人同时在一个岗位工作的情况。淡旺季的员工人数无变化、财务监管体系弱等。

难点解析

（1）服务人员职业和工作能力较弱。民宿规模小，往往就是一人多职，这就需要民宿的工作人员有较高的工作能力。可通过加强员工培训，提高员工的工作效率和能力，使员工由工作“一面手”变成“多面手”，把每一名员工打造成能接待客人、能维修设施、会打扫卫生的全能角色。从而减少对员工数量的需求，减少薪酬支出，达到人员成本控制。

（2）优化和精减人员结构。在保证服务和工作质量不变情况下，根据对每个岗位、工作量、淡旺季的分析，优化员工体系，精减现有人员。在淡旺季，客人数量会发生明显变化，如旺季可能每天有90%甚至100%的入住率。到了淡季，入住率可能一下跌到40%。针对淡旺季客流量的差别，要灵活安排人员，这点尤其体现在客房打扫卫生人员数量上。如旺季在保证现有人员不变情况下，可以通过兼职形式来招聘打扫人员，或者通过时间调整，安排其他人员一起打扫，淡季时可根据需求适当得减少员工的数量。如果多出一名员工，假设每个月薪酬2500元，那么一年下来就要多支出30000元，这还不包括其他成本支出。

（3）采用合理的薪酬方案。民宿可以采用“基本工资＋绩效工资＋福利”这种薪酬体系，多劳多得、能者多得，能够很大地激发员工的积极性，提高工作效率，创造出更多利润。很多民宿采取传统单一的固定工资薪酬体系，如旺季时民宿盈利较多，员工付出多，工资没变，这会打击员工积极性。而淡季时候，民宿挣得少，员工付出相对较少，工资依然不变，则会影响民宿利润。

3. 能源成本控制

能源成本指在其经营过程中所耗用的水、电、气、油或煤等费用。每年水、电、气费用的支出会占到民宿支出的很大一部分。其中民宿的空调能耗，占总能耗的 45%，热水能耗占总能耗的 16%，采暖系统能耗占总能耗的 20%，用电方面一般在 50% 以上，所以抓好用电管理，就抓住了节能的主要矛盾。民宿中高耗能的原因主要包括以下方面：民宿主为了省钱，未能选配节能的用电设备，能耗大。照明、插座、空调系统设置和设计得不合理，在实际运行中，设备未能满负荷工作或非经营区域的空间面积设备容量选用过大，浪费能源。水电气能源使用没有规划制度，员工和客人节约使用水电意识薄弱，从而使得水电气能源浪费严重。

那么，如何解决高耗能的问题呢？首先，根据季节、天日长短调整晚上亮灯时间亮灯位置；如夏季 19:00 冬季 18:00 打开走廊、大厅、招牌等的灯；23 点熄灭公共空间部分灯，24 点熄灭除走廊以外所有的灯，第二天 7:00 熄灭走廊灯。其次，客房及公共空间放置提醒节约用水用电的牌子。再次，根据情况，更新更换合适功率用水用电设备；选用节能电动机，合理配置电机系统，使用新节能技术。最后，水的合理循环利用要尽量做到一水多用，如清洁客房的水可用来浇花浇草等。

4. 维修成本控制

维修成本是指因民宿内设施受损或陈旧，所产生的维修和保养费用，要想控制和减少维修成本，需要做好以下事项：具体包括电梯、供水、电器、消防、保安监控、发电机和其他所有零星设备。

民宿设施出现状况，如果请专业人员修理，则会支出一笔较高的修理费。民宿管家和服务人员可以参与技能培训学习，这样就可以胜任一些简单的维修工作，如处理房间断电、卫生间马桶堵塞、断网、空调制冷制热慢等问题。同时，需要增强爱惜爱护设施设备、设施设备保养的意识，从而提高其使用寿命，减少专业维修费用，达到成本的有效控制。如果民宿管家或服务人员没有形成保养设备设施习惯，如定期清理空调内机过滤网、面盆过滤处沉积的污垢等，就会增加设施设备出现故障的概率以及缩短其使用的寿命。管家也应在民宿内备好维修工具及一些替换零件，如折叠梯、维修工具箱组套、电钻、马桶吸等。做好维修工作的记录，对设施设备出现状况及解决方法进行书面记录。

5. 其他成本控制

除去以上主要成本，民宿还有一些其他成本的支出，如洗涤费、营销推广费、运杂费、培训费、排污费、财务和税务费等。

洗涤要根据民宿的具体情况来看，体量小的民宿，布草可以自己清洗处理。量大、注重品质的精品民宿可以选择专业的洗涤公司清洗等。

三、利润

当民宿的营业额超过其费用表示盈利。相反，其费用大于其营业额时会承受损失。最基本的利润可以表示如下：

利润 = 营业额 − 费用

在上述公式中，营业额和费用的差额表示民宿的经营成果，当营业额与费用相抵以后为正数，表示民宿本期经营活动实现为盈利，若为负数则表示民宿本期经历亏损。

（一）如何计算利润

利润是将当期所有的收入加在一起，然后将所有的费用加在一起，最后将总收入减去总费用，通过计算得出本期净利润（或亏损）。表 6.2 为某民宿 2018 年 1 月当期营业各项统计数据。

表中显示了该民宿在 2018 年 1 月份的总营业额 203000 元。当月该民宿产生了 151800 元的总营业成本，实现了 51200 元的利润：

203000−151800=51200 元

总营业额　总营业成本　利润总额

表 6.2 某民宿 2018 年 1 月营业数据

<table>
<tr><th colspan="3">项目</th><th>金额（元）</th></tr>
<tr><td rowspan="5">收入</td><td rowspan="4">营业额</td><td>客房总收入</td><td>120000.00</td></tr>
<tr><td>食品总收入</td><td>50000.00</td></tr>
<tr><td>饮料总收入</td><td>25000.00</td></tr>
<tr><td>农副产品总收入</td><td>8000.00</td></tr>
<tr><td colspan="2">总营业额</td><td>203000.00</td></tr>
<tr><td rowspan="27">费用</td><td rowspan="3">营业成本</td><td>食品成本总额</td><td>20000.00</td></tr>
<tr><td>饮料成本总额</td><td>7500.00</td></tr>
<tr><td>农副产品成本总额</td><td>4800.00</td></tr>
<tr><td rowspan="6">劳动力成本</td><td>服务人员奖金</td><td>2000.00</td></tr>
<tr><td>服务人员福利费</td><td>6000.00</td></tr>
<tr><td>服务人员工资</td><td>25000.00</td></tr>
<tr><td>服务人员服装</td><td>500.00</td></tr>
<tr><td>员工宿舍</td><td>1500.00</td></tr>
<tr><td>职工餐</td><td>2100.00</td></tr>
<tr><td rowspan="2">能源成本</td><td>燃料费</td><td>2000.00</td></tr>
<tr><td>水电费</td><td>4000.00</td></tr>
<tr><td rowspan="2">客房耗品成本</td><td>客房用品</td><td>3800.00</td></tr>
<tr><td>清洁剂</td><td>500.00</td></tr>
<tr><td rowspan="10">其他成本</td><td>房租及物业</td><td>45000.00</td></tr>
<tr><td>维修费</td><td>3000.00</td></tr>
<tr><td>洗涤费</td><td>800.00</td></tr>
<tr><td>运杂费</td><td>500.00</td></tr>
<tr><td>广告费</td><td>1000.00</td></tr>
<tr><td>保险费</td><td>2000.00</td></tr>
<tr><td>银行手续费</td><td>600.00</td></tr>
<tr><td>培训费</td><td>300.00</td></tr>
<tr><td>排污费</td><td>400.00</td></tr>
<tr><td>所得税费用</td><td>18500.00</td></tr>
<tr><td colspan="2">营业成本</td><td>151800.00</td></tr>
<tr><td colspan="2">利润总额</td><td></td><td>51200.00</td></tr>
</table>

（二）成本和盈利能力之间的关系

成本控制是民宿管理的重点，也是管理的难点，将成本控制在合理的范围内，保持良好的动作绩效，是民宿管理的重中之重。由于缺乏适当的成本控制而造成损失的情况这并不少见，如盲目地以降低成本来为民宿创造新盈利，会降低服务的质量，甚至影响顾客满意度。

成本控制需要合理控制，精打细算，以便降低各项消耗。如果没有控制到位，就无法确定和评估是否有利可图，是否符合预算。控制和降低成本能确保民宿的正常运营和成长，实现利润的最大化。在产品和服务的售价一定的前提下，每降低 1 元成本，企业就会直接增加 1 元的利润额。

（三）计算主要成本占总营业额的百分比

主要成本占总营业额的百分比：以民宿餐厅为例，主要成本应不超过总营业额的 65%，这是一个在餐饮服务的餐厅中公认的经验法则。低于 65% 的主要成本是衡量这家餐厅是否正在盈利的指标。运用以下公式计算主要成本：

主要成本 = 营业额的总成本 + 总劳动力成本

然后，通过以下公式计算主要成本占总营业额的百分比：

主要成本占总营业额的百分比 = 主要成本 ÷ 总营业额 ×100%

为了更直观地说明主要成本占营业的比重，表 6.3 列举了龙脊梯田金江村民宿所消耗的主要成本占总营业额的比重，以供参考。

表格中显示了该民宿在 5 月份的主要成本。当月该民宿产生了 16540 元的总营业额。本月总的主要成本为 10111 元：

2611+ 7500 = 10111

总营业额的成本　总劳动力成本　主要成本

然后，计算主要成本占营业额的百分比：

10111 ÷ 16540 = 61.1%
主要成本　总营业额　主要成本占总营业额的百分比

在这个例子中，主要成本让管家知道民宿达到了合理的利润，因为主要成本占总营业额的 61.13%（低于 65% 的行业标准）。

表 6.3　龙脊梯田江边民宿主要成本占营业额比例计算

2019 年 5 月

项目		金额（元）	比例
营业额	房费	15200	
	餐饮	1207	
	农副产品	133	
总营业额		16540	100%
成本	食品原料	380	
	吧台饮料	457	
	客房耗材	1170	
	营业支出	604	
总营业额的成本		2611	15.8%
劳动力成本	员工工资	7500	
总劳动力成本		7500	45.3%
主要成本		10111	61.1%

四、思考

1. 民宿成本费用包括哪些内容，是如何分类的？
2. 简述民宿控制成本费用的方法。
3. 以下为某民宿 2019 年 1 月当期经营数据，请根据数据编制民宿当期利润表：

某民宿 2019 年 1 月相关数据

单位：元

内容	本月数
客房总收入	90460
食品总收入	22050
饮料总收入	5660
市场营销总费用	6770
餐饮其他收入	8385
能源总费用	7990
行政管理总费用	12000
食品成本总额	10143
饮料成本总额	1415
维修保养总费用	12260
工资和福利总额	33970
房租及物业	25000
客房卫生用品	2200
洗涤费	1000
运输费	2000
所得税费用	2400
保险费	2000

模块七

民宿投诉处理和沟通技巧

案例

糟糕的住宿体验

过年前，李先生通过某平台预订了某古镇内的一家民宿，到了实地，李先生发现平台上的照片与现场实地不符——房间装修味道重、基础设施不完善、宿管人员不到位。巨大的心理落差，让李先生一家深感不值。虽然事后经过协商，民宿经营者同意给予李先生一定补偿，但糟糕的住宿体验已让李先生一家少了几分游玩兴致。

一、民宿投诉基本案例及处理

下面列举一些民宿客人投诉较多的问题以及处理方法：

（一）房间位置与预期不符，位置很难找到，周边业态不全面，没有停车位，用餐不方便等

为预防此类投诉，预订平台上的相关信息要清晰、准确，以免客人发生误解。另外，客人预订后，民宿管家要发送民宿定位给客人，客人到达时，热情迎接。

如果客人因民宿的地理位置不便而投诉，民宿管家首先应安抚客人，然后及时帮客人解决问题，如有些客人抱怨在民宿打不到车，民宿在日常运营中应与一些出租车司机建立合作关系，提供相关出租车信息给客人，让客人联系。

针对没有停车位的问题，这也是很多自驾游出行的客人最需要解决的困扰，民宿管家可以提前了解一下民宿附近的停车位，推荐给客人。

很多民宿因其特定的地理位置，的确会让入住的客人感觉用餐不方便，此类民宿，应该同时提供餐饮服务（简餐），推出一些当地特色菜。

（二）客人入住民宿期间，突然遇到停水停电的问题

对于民宿，在经营过程中，要有防患于未然的意识以及危机应急预案。突然停水停电，首先要联系在住客人，安抚客人，说明原因以及告知客人恢复供应的时间。民宿管家可以视情况组织类似篝火晚会的活动，让客人不至于因为停水停电而心生不快；如果客人还有抱怨，可适当给房费打些折扣或送些小礼品，以表歉意。

（三）客人投诉民宿卫生环境较差，床上用品、毛巾等布草有污渍，清洁不干净，房间还有虫

预防此类投诉，民宿管家必须在建立标准的客房清洁以及布草清洗制度的基础上，进行严格的监督检查，尤其在客人要抵达民宿之前，民宿管家要对房间状况进行检查。

一旦接到此类投诉，民宿管家应第一时间向客人表示歉意，及时更换，或者帮客人换一间房，送个果盘，让客人感受到诚意。

此外，在蚊虫较多的季节，民宿可在房间或前台准备驱虫药品，方便客人取用，并定期请专业消杀公司进行室内外的消杀工作。

二、投诉沟通技巧

下面列举一些面对客人投诉时的沟通技巧

（一）尊重对方

很多情况下客人投诉是希望能够得到民宿方的高度重视和尊重。当投诉发生时，要给予充分的认可和尊重，而不是一味解释。你可以坐下来倒杯茶，在认可对方的

情况下，跟客人简单聊聊旅行家常，给予更多的认可和尊重。

（二）给予补偿

一般情况下，顾客因受损失而投诉，除对物质损失要求补偿外，更多的是对精神损失，要求物质索赔，以求得心理平衡。

民宿管家在解决问题的时候，在切实用同理心去理解客人的前提下，要有止损的觉悟，及时得当地处理，有时可能就是送个果盘就能解决的事情；但如果不能及时解决，拖延的时间越长，付出的代价越大，因为不满是会发酵的，有时光解释就花去了半小时，还解决不了问题，那么不满的心理面积就越来越大了。

（三）耐心倾听

当顾客正当的需求没有得到满足或受到不公正的对待而产生挫折感，或者旅行途中不顺利时，民宿管家要让自己平心静气，保持耐心，倾听对方。

三、线上调解补偿流程

如果是在爱彼迎平台进行的预订，当因发生物品损坏或服务不周，涉及经济赔偿时，可以通过爱彼迎调解中心解决。

（一）退款

要在客人入住日期之后向对方退款，请按以下步骤操作：

（1）进入 App 点击“我的”，然后点击切换至经营模式。

（2）然后在页面下方点击“房源”。

（3）选择想要发送退款的预订房间，然后点击该预订查看行程单。

（4）在行程单中向下滚动，点击帮助，开始退款流程。

请注意：详细信息发送之后，爱彼迎系统将会通知客人，对方可以选择接受或拒绝退款。如果客人接受退款，爱彼迎平台会在接下来的 48 小时内处理交易。交易完成后，民宿方将会收到通知。一旦民宿方提交退款金额，该笔交易将被视为最终交易。如果想要让客人退还退款，民宿方需要通过“调解中心”提交一份新的申请。

（二）索取补偿

爱彼迎平台对提供房源用于预订的房东提供保障，房东无须向客人索取押金，若发生损坏事件，房东可以通过调解中心上传房源损坏的证明文件（如照片或收据），并要求客人支付相关费用。房东和客人可以自行商讨赔偿细节，也可以邀请爱彼迎介入协助调解。

四、点评回复技巧

（一）基本点评类型及回复技巧

民宿管家除了要面对面处理客人的投诉之外，更重要的还要认真回复顾客的点评，好评有很大一个作用是给准备预订的顾客看的，那么民宿管家面对顾客的各种点评该如何回复呢（表 7.1）?

表 7.1 评价类型及示例

类别	感情色彩	举　例
差评	实事求是型	民宿没有停车位，很不方便
	情绪型	这个民宿太烂了
	混合型	这个民宿太烂了，竟然没有停车位
中评	凑字数型	呵呵
	感受普通型	还行，还过得去
好评	喜爱型	真不愧是 xx 民宿，一定推荐给朋友
	举例说明型	房间设计得很好，床很舒服，前台服务人员热情周到，介绍了景点的线路，非常贴心

1. 回复“实事求是型”差评

针对“实事求是型”的差评内容，建议以诚恳的态度，实事求是地说明情况以及解决方案。这样，在回答的同时也向潜在顾客表明“如果您来入住不会再遇到同样的问题”。对于真的无法解决的问题，也应坦诚委婉地加以说明，避免让回头客或潜在顾客产生期待感。

2. 回复“情绪型”差评

针对“情绪型”差评，同样要以诚恳的态度，表明为给顾客带来这么不好的感受而抱歉，以不带任何情绪的语句咨询到底问题出在了哪里，展示民宿对于解决问题的决心与诚意。

3. 回复“中评、好评”

对待“中评”可以简洁、略带俏皮地回复。可以在回复中简单地介绍下民宿的最新活动，也可以顺着顾客的话茬接上去，如顾客说“还行，过得去”时，可以回复“争取下次让您说‘很行，非常好’！”

对于“好评”，民宿在回复时，不应只是简单表示感谢。可以使用前一顾客的评论内容，营造一个类似社区的氛围，也可以展示民宿对于忠诚顾客的奖励措施，从而暗示潜在顾客。如果是对于在评论上明确表现出来的回头客，更可以用一些充满感情的语句表示感谢，或者告诉他一些民宿的新变化这其实也是对潜在顾客的一个展示。

（二）关于回复点评的其他技巧

（1）首先应感谢顾客的点评，即感谢顾客对民宿的关注与好意。最后应表示欢迎顾客再次光临。注意在同一页面中尽量让文字有差异化，不要千篇一律。

（2）可以主动向客人寻求反馈，可以用这样的语句来表达：“如果您能够……那对我们的帮助就太大了，在这里先表示由衷感谢！”

（3）对于顾客有可能不符合实际情况的指责，表明民宿的态度：“这绝不是我们所提倡的待客之道”“这违背了我们的设计初衷”……坦荡表示欢迎任何的批评——“如果可以，请与我们联系，尽快找到解决的方法。”

（4）对于确实存在的问题，应坦率承认。如果是可以改造的硬件问题，告知可能的改造计划。如果是无法改造的硬件问题，想办法提出解决方案——注意，态度有时候比方法更重要。对于服务等软件问题，应明确表示诚恳的态度，说明这绝非我们希望呈现的，并提供有诚意的解决方案。

（5）对于顾客提出的价格问题，其实往往反映了顾客对于价格的认知以及对性价比的不满，可以明确表示民宿在同类、同区域民宿中所处的价格区间，并提出民宿在服务、地段等方面的优势以展示性价比。

（6）切忌指责顾客，也不用卑躬屈膝。宜表现得落落大方、坦坦荡荡，专业而礼貌、真诚友好、不带情绪。

五、思考

1. 民宿管家在面临投诉时有哪些应对技巧？

2. 民宿管家在回复客人点评的时候有哪些技巧？

3. 练习针对以下客人的点评，进行回复。

（1）“真的是非常贴心，旺中带静的地点，干净舒适的房间，房间一点味道都没有；更加令人惊喜的是客房，房间又大又舒服，细节做得很好。很满意的民宿，这种贴心的服务我很喜欢，比星级酒店还要好。”

（2）“真的是一家很烂的民宿，房间在顶楼 6 楼，楼层高又没有电梯；夏天热的不得了，空调老化不制冷；距离市中心较远，游玩也不方便，不会再推荐朋友选择这家民宿。”

模块八

周边旅游商品开发

一、民宿旅游商品开发

案例

龙胜江边：参与传统食物加工，体验舌尖上的壮乡美食

龙胜江边是一个壮族村寨，当地民宿管家充分利用壮族文化打造了浓郁的民族文化主题民宿。其中，油茶、糍粑都是当地人传统的食物，管家将这一加工过程设

▲ 图 8.1　龙胜江边民宿食品加工

计成了客人的体验活动，让客人可以接触并了解这些独具特色的食材加工工艺，亲手制作油茶、糍粑，享受到完全零距离的在地文化体验（图 8.1）。

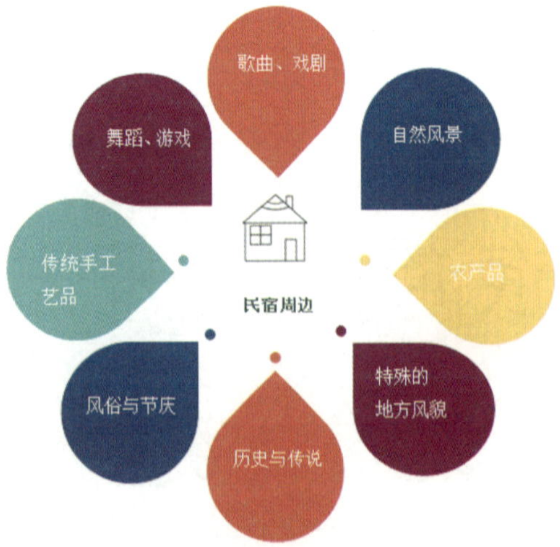

▲ 图 8.2　常见的旅游商品载体

当民宿管家打算开发一些民宿旅游商品时，首先摆在面前的问题是：你的民宿有哪些资源可以转化为旅游商品？为了解决这个问题，让我们来看一些常见的旅游商品载体（图 8.2）。

旅游商品（或称旅游购物品）是指由旅游活动引起旅游者出于商业目的以外购买的，以旅游纪念品为核心的有形商品，包括日用品、免税商品、旅游印刷品、旅游工艺品、土特产及其他物质产品。（苗学玲．旅游商品概念性定义与旅游纪念品的地方特色［J］. 旅游学刊，2004，19（1）：27-31.）注意：民宿管家要避免像商场中那样直接向客人推销商品，而应当通过展陈方式引导客人对在地文化的兴趣，最终自发提出购买要求。

在地文化的体验服务也属于旅游商品的范畴，即指民宿主人或民宿管家向客人提供的在地文化体验、出行服务、后勤保障等非物质产品。包括农事体验、线路定制、当地风物解说、组织客人参与当地活动等。在地文化体验是最好的商品展呈手段。

旅游其实就是离开自己最熟悉的地方，去到别人最熟悉的地方。所以，当地人的真实生活，就是旅游者最想看到的、最想体验的。当地人每年每天司空见惯的花、动物、圩会、物件、饮食、生活方式……也许就是客人从未见过的事物。从身边最熟悉不过的事物中挖掘体验活动的素材，展现当地的文化自信吧。

（一）农产品

农产品大概是最常见的民宿周边。中国最早的一批民宿主人便通过提供自家种植的蔬菜、饲养的鸡鸭、自制的腊肠来吸引城市的客人住宿。

本地特产。特色农业产品、独特的食物制作工艺、有机种植、土特产品等都是可以向客人推出的农产品。

设计当地特色的包装。配上具有当地特色和民宿名字的包装是很有意义的，因为许多客人是为了送给亲朋好友而购买的。包装要符合送礼的需要，同时还要能给民宿和民宿所在地打广告。

从原材料的制作到品尝，打造独特的农业体验。客人感兴趣的不仅是饱餐一顿，而是农产品中包含的所有在地文化。壮族的民宿主人招待客人吃一餐竹筒饭固然不错，但不妨从带着客人上山选竹子开始，让客人全程体验一次砍竹子、做竹筒、烧柴火、准备食材、做饭的全部流程。

可以根据不同的客群设计具有针对性的主题和活动。一些农场给自己打上亲子体验的包装，在宣传和服务上专门针对有小孩的家庭，收到了很好的效果，因为现代的教育认为小孩应该多亲近自然。又比如一些农场着重宣传时令蔬果、有机蔬果，或宣传其营养、药用价值，迎合人们日益增长的对食品健康的需求（图 8.3）。

▲ 图 8.3 农业体验

难点解析

（1）记得在预订确认时提醒客人带一套不怕脏的衣服。或是现场提供农作体验工服。

（2）围绕食材鉴别、食品的历史渊源、食物的功用给客人讲解，增加知识趣味，但不要过分吹嘘药用或养生功效。

表 8.1 中是一些爱彼迎平台上的自然体验案例。

表 8.1　自然体验案例

项目名	活动内容
托斯卡纳的橄榄园体验	**参观**橄榄园，**学习**橄榄的种植和加工**知识**，鉴别橄榄的品质，研究几种特级初榨橄榄油，**亲手操作**安全地压榨橄榄油，将一瓶自制的橄榄油**带回家**，**品尝**橄榄油制作的午餐，可以**购买**农场新鲜的橄榄油。
与农民麦克同行	**参观**麦克的农场，近距离接触麦克养的羊，**亲手体验**喂养，和麦克**学习**放牧**知识**，还可以**购买**农场新鲜的产品。
来农场体验给奶牛挤奶	**参观**牧场，**亲手**给牛挤奶、装瓶和杀菌，**亲手**喂草料、铲粪，在指导下给小牛用瓶子喂奶，**品尝**新鲜的牛奶或用鲜奶兑的咖啡，还可以**购买**农场的鲜奶和奶制品。
来西湖龙井原产地采茶炒茶吃茶喝茶玩茶	与有着几十年炒茶经验的老茶农**学习**采茶炒茶技艺；**学习**西湖龙井的茶文化，茶工艺品，及相关泡茶知识；**体会**宋朝人的斗茶技艺，跟朋友来一次斗茶比赛；**参与**茶食制作的过程；泡上一杯龙井，**尝尝**西湖龙井制作的美食，通过扑克桌游享受宁静慵懒的生活；还可**购买**茶庄的茶叶。

★从标黑的词语可以看出，大部分农业体验活动具有共同的核心。

（二）传统手工艺品

将工艺品融入民宿装修。传统手工艺品可以摆在民宿中作为点睛装饰，也可以利用工艺品中的图形设计装潢。更有民宿将当地工艺品作为整个民宿的风格，打造主题民宿（图 8.4）。

▲ 图 8.4　手工艺品装饰

从制造到穿戴。向客人展示一件工艺品或传统服饰固然不错，但不妨从原材料的准备开始，教会客人亲手制作一件手工艺品，同时讲解出其中的历史渊源、图形象征的吉利意义、穿戴的习俗（图 8.5）。

表 8.2 是一些典型的手工艺品体验活动案例。

表 8.2 手工艺术品体验案例

项目名	活动内容
传承人教你打造精致的苗族银饰	**学习**了解苗族银饰的材料工艺、历史传承、文化特色；观赏传承人收藏的银饰珍品；在传承人的指导下亲手**体验**打造苗族银饰并可以将自己的作品**带回家**留作纪念。
传承人带你探寻古法造纸的奥义	**学习**丹寨古法造纸的历史和选材工艺，手把手教你**体验**传统造纸的重要环节，学习完成独特的“花草纸”画作，并**拍照留念**。
传承人手把手教你枫香印染	参观枫香印染的工作坊，了解枫香印染的材料工艺、历史传承、文化特色；**学习**在织布机上织布，并**体验**枫香印染的两个重要环节，画蜡和浸染。

★从标黑的词语可以看出，大部分手工艺体验活动具有共同的核心特征。

▲图 8.5 各色手工艺体验活动

（三）历史、传说、歌曲、戏剧、舞蹈、节庆

围绕非物质旅游资源讲故事。这一类型的旅游资源可以统一称为非物质旅游资源，因为它们没有实体。你不可能把一段传说卖给客人让他带走。但是这些非物质的文化往往成为旅游商品的载体，最典型的例子莫过于各地博物馆礼品区售卖的各种纪念品，或是各地围绕历史传说所举办的活动。

▲ 图 8.6　管家向客人介绍当地风俗

民宿管家应该知晓当地的历史、传说、歌曲等在地文化，面对客人时能够口若悬河。如果能在与客人聊得开心时即兴表演一段，一定会让客人因为零距离感受到了新鲜的文化而高兴不已（图 8.6）。

和当地熟知这些技艺的传承人建立良好的关系，同当地原住民合作组织定期演出。就算当地已经有了官方举办的演出活动，民宿管家也可以通过翻译当地语言、提供相关知识等，为客人提供更好的观赏效果；甚至可以将客人带到传承人的家中，让客人零距离了解在地文化。

（四）自然风景

▲ 图 8.7　周边风景体验

建于自然风景优美之处的民宿，不但本身就能够吸引大量游客，更能够带来非常多的周边商品创意。

根据客人喜好，提供旅行建议。民宿管家应该熟悉当地风景、商店、餐厅，能够为游客的出行规划提出独到的建议。民宿管家可以从景点推荐、出行时间、用餐地点、交通方式、导游服务五个方面，为客人打造“常规景点 + 定制化线路”的规划（图 8.7）。

难点解析

选择住民宿的客人通常愿意自己搜集材料定制线路，但往往只能形成比较粗犷的计划。

例如，一名到大理自驾游的客人，制定了一条“洱海公园—天龙八部城—蝴蝶泉”的观光线路，但他并不清楚游览每个景点需要的大致时间，也不知道途中有哪些好吃的餐厅。民宿管家在了解到客人的计划后，应当有能力为他做好时间计划，并推荐用餐地点；还可以推荐客人不要错过途经的崇圣寺三塔；甚至可以告诉客人蝴蝶泉是个商业打造的景点，如果客人喜欢《天龙八部》，不如去蝴蝶泉旁边的天龙洞景区看一下小说中提到的天龙寺。客人的线路被细化、优化，衔接更加流畅，感觉得到了“当地人”的热心服务。

提供针对性向导服务。对于未开发景区周边的民宿，民宿管家应该对观赏自然风景的位置有独到见解，特别留意如花田、瀑布、泉涌、日出日落、视界开阔处、俯瞰全貌处等观景佳所；还应探寻较为安全的徒步或骑行线路，为想要在山间田野畅游的客人提供线路设计或向导服务。

表 8.3 中是一些典型的自然体验活动案例。

表 8.3　自然体验活动案例

项目名	活动内容
到灯塔去	坐小船到猴子海滩—45 分钟沿海岬徒步到灯塔—在灯塔上享受 30 分钟的海景（可以看到白腹海雕）、空气、热咖啡或茶—回到猴子海滩（也是值得欣赏的著名海滩）。提供免费的拍照、摄像服务。
采松露吃吧	跟随“松露猎人”和他的狗，用传统的技术在野外寻找松露。猎人会教你如何发现松露的痕迹，跟随踪迹寻找松露，识别黑松露和白松露。你还能和“松露猎人”一起享用当地最传统的红酒“巴巴莱斯克”。
沿俄勒冈海岸远足、觅食和野餐	进入俄勒冈海岸边长满蘑菇的海岸林中采集蘑菇，学习鉴别所有采到的蘑菇，享用野餐，并吃掉找到的可以吃的蘑菇！

之前我们提到的农产品体验服务和自然体验活动往往可以自然而然地同时进行。

这是因为许多农庄或乡村有着得天独厚的自然优势（图 8.8）。善用这一优势，将客人体验农活和欣赏自然结合在一起，对客人的在地体验是有好处的。比如，坐落在山上的茶庄，往往除了茶艺活动外，还会组织客人看日出、红叶或其他美景。客人观赏完壮丽的日出后，随民宿管家来到茶室静坐品茶，这一动一静、一劳一逸的结合，更显出自然的优美、茶道的禅意。

▲ 图 8.8　竹筒饭制作

难点解析

客人对购买的商品是否满意不光取决于商品质量本身，还取决于他的购买体验。客人在高兴时购买的商品，要好于兴味索然时购买的商品。这种概念称为情境营销。

二、民宿体验项目

（一）爱彼迎体验

除了民宿外，民宿管家也可以在爱彼迎平台上线上体验，带着客人体验当地人的生活。从美食到历史，从音乐到娱乐，体验形式可以多种多样。

（二）设计你的体验

1. 追随你的热情

先从你喜欢的内容开始，然后以此为指引，想象与参与者分享你的激情和知识的最佳方式。让体验和你一样独特。

2. 提供独一无二的专享资源

你带参与者见的人、去的地方或参加的活动是他们无法自己找到的。参与者喜欢体验旅行指南中找不到的东西。

3. 让它引人注目

最高目标是吸引人们的兴趣。让自己站在参与者的角度思考——如果你来到一个新的地方，正在寻找消磨时间的办法，那么哪些活动会引起你的注意？你愿意花钱参加哪些活动？

4. 参与计划

确保你的体验有让参与者积极参与的元素或时刻。能够让参与者积极参与的体验往往比被动观看和学习的体验更成功。

5. 推广你所在地点的独特之处

如果可能的话，请尝试在体验中包含有关你所在地点的特别信息。如果你的参与者是当地人，也许可以着重突出他们可能不知道的活动和地点。

（三）五个步骤帮助你设计体验

无论是品尝当地美食，还是体验农作，体验留给参与者的总体印象是在活动开始之前就开始形成了，而且活动结束后仍会有影响。以下的内容可以帮助你集思广益，了解如何在所有阶段优化参与者的体验内容：

1. 活动开始前（目标：降低焦虑感及提高兴奋度）

（1）确认。参与者预订后你会立即发送什么内容？

（2）收集信息，做好准备。哪些事情最好提前让参与者知道（如过敏、庆祝特别的日子）？

（3）提醒。体验开始的24小时前，你会发送什么内容，以帮助参与者在抵达前做好准备（例如，线路、交通信息、需携带的物品）?

2. 活动介绍（目标：感觉舒适）

（1）第一印象。你的体验在哪里开始？如何开始?

（2）简介。你会怎样引领参与者走进自己的世界、如何通过自己的故事建立信任?

（3）暖场环节。开始时，参与者会如何熟悉彼此？如何增进参与者对你的了解?

（4）概述与安全。你要和参与者分享哪些内容才能让大家放松、对接下来的体验内容有所了解?

3. 活动过程中（目标：超出预期）

（1）在体验中加入你的个人色彩。你可以分享什么样的个人逸事，让参与者知道你与此体验 / 地点之间的特殊联系?

（2）让人眼前一亮的时刻。体验的高潮部分是什么？体验过程中有哪些适合拍照、分享在朋友圈上的瞬间?

（3）惊喜和喜悦。想想你还可以如何更进一步地打造体验，超出参与者的预期?

4. 收尾阶段（目标：结束策略）

（1）精心策划结尾。体验如何结束是影响人们对整个体验的印象分的最重要因素。你会如何结束体验?

（2）参与体验的收获。参与者离开时收获了什么新的知识或技能?

5. 活动结束后（目标：让人意犹未尽）

（1）跟进。体验结束后你会发送什么内容?

（2）感谢参与者并真诚地提醒他们撰写评价。

（3）分享照片。在体验过程中你会在什么时候拍摄照片?

（四）组织体验活动的技巧

1. 设计破冰环节

准备好一套欢迎客人—自我介绍—鼓励客人们自我介绍的流程，再加上得体的举止和着装，为初来乍到的客人解除心理隔阂，与你愉快地交流，大大方方地参加你组织的活动。

2. 设计好专业的讲解

管家要对自己组织的活动有透彻的了解，并设计好专业、流畅的讲解词。客人相信你是比导游更懂得当地社会文化、生活方式的本地人，他们期望得到专业又不生硬的解说。注意设计更多的互动环节，体现你和导游的区别。

3. 注意活动安全

细心地为客人考量安全问题，如砍竹子时飞溅的竹屑，对习以为常的当地人来说是微不足道的事情，但也要提醒客人注意。在山野游玩的安全隐患较多，民宿主人应做好后勤保障，印有《安全预案手册》，明确滑坡、雷雨、虫咬、毒蛇叮咬、食物中毒等情况发生后的应急救护措施。

4. 提高活动“热度”

你并不仅仅是活动的组织者，更是和客人一起玩耍的朋友。用你的热情感染客人，在细节上体现你亲友般的贴心。

5. 让日常生活充满仪式感

生活需要一些仪式感，它只关乎你对生活的热爱和对幸福的敏感。仪式感的要素就在于，用庄重认真的态度去对待生活里看似无趣的事情。

6. 做好评价

体验结束后，收集参与者的反馈，鼓励他们撰写评价。参与者撰写评价时还需要上传体验照片。

三、思考

1. 可以从哪几个方面考察民宿周边？

2. 我的民宿坐落在景点周边，我该如何向客人提供在地服务？

3. 我的民宿周围的住民会剪窗花，我有什么办法让窗花成为旅游商品，并让客人乐意购买？

4. 自选一个地方（旅游景区、城郊、乡村、山村等），充分描述当地的旅游周边情况，并提出当地旅游周边商品开发的方案。

模块九
民宿网络平台经营

案例

爱彼迎——让梦想照进现实

爱彼迎本身就是一个关于通过网络让梦想照进现实的故事，2008年的美国旧金山，几个资金困窘的年轻人想起可以用摆在客厅的充气床垫来对外出租。他们在网上发了一个广告："充气床垫与早餐"（Airbed and Breakfast）——每晚仅需80美元。这则广告给他们招来了第一拨儿客人，同时也激发了他们建立Airbedandbreakfast.com（Airbnb.com的前身）。通过不断完善平台，越来越多的人在爱彼迎平台分享自己闲置的空间，爱彼迎平台上如今已有600万个房源，10年来吸引了超过5亿人次的客人入住。

思考

怎样才能让你的民宿在互联网平台上销售得更好？

一、网络营销的概念

（一）什么是民宿的网络营销？

民宿网络营销是指民宿经营者通过互联网平台或社交媒体，将自己的民宿产品和服务线上发布，最终吸引客人购买该产品和服务的过程。

民宿的网络营销手段一般有传统在线旅游（OTA）营销、住宿分享平台营销（如爱彼迎）、社交媒体营销（如微信、微博）等方式，考虑到传统 OTA 和住宿分享平台在民宿营销中的巨大影响，本模块以介绍互联网民宿平台营销为主。

（二）怎么才能在互联网平台上销售得更好？

网络营销将线上的客流吸引到民宿，之后才有住宿、体验、餐饮消费，所以线上的预订量很重要。

预订量的测算可以通过以下公式体现：

$$预订量 = 浏览量 \times 转化率$$

对于民宿主人来说，良好的预订量是浏览量（有多人客人看了你的民宿页面）和转化率（看过你民宿页面的客人中有多少比例的客人实际选择了在民宿入住）共同努力的结果。

二、影响浏览量和转化率的重要因素

对浏览量产生影响的主要因素包括排名、价格、民宿展示名称和图片，对转化率产生影响的除上述因素外，还包含具体的评价、回复信息速度等。

（一）排名

排名是民宿在互联网平台上的排位，一般情况下，排名会受到民宿品质、好评率、房态情况、确认效率、服务质量、拒单率等多种因素的影响。在互联网平台普遍开展智能精准推送“千人千面”的情况下，客人所看到的排名还会受到他平时的消费习惯、价格敏感度等因素的影响。下面，本书以民宿分享平台爱彼迎为例，具体列举一些房东所能掌控的影响排名的因素。

在了解影响排名的因素之前，首先要清楚爱彼迎平台与其他 OTA 平台的不同之处在于，爱彼迎是针对具体的房源（客房）进行排名，如民宿有若干个房间，每个房间在爱彼迎平台上可能获得不同的排名顺序，而其他 OTA 平台则更多是对民宿整

▲ 图 9.1 评价

体进行排名。这点使得小体量民宿中的房源在排名上能够与大型酒店的房源在同一水平线上竞争。

1. 评价

良好的评价，不但影响到阅读人（潜在的客源）对于民宿的判断，也在很大程度上影响着民宿的排名。关于评价，有两个指标非常重要，一个是总评价的数量，二是评价的平均分（图 9.1）。

所以，对于民宿来说，让客人在平台上发布评价和让客人满意一样重要，有着大量正面评价的民宿，不但可以让潜在的客人吃定心丸，也可以让平台给到你更靠前的排名顺序，更多的平台曝光量。

2. 价格

在爱彼迎平台上，客人在撰写评价时，有机会对你房源的性价比进行评价。关于此问题的平均评分会显示在你的房源页面上，评分会影响到民宿的综合排名。所以，要为房源设置一个合理的价格。

3. 平台鼓励政策

各互联网平台都会有一些服务等级的鼓励政策，如果能够得到更好的服务等级，有助于提升排名。在爱彼迎平台上，主要推出的是“超赞房东”政策。

超赞房东是爱彼迎房东的一个特殊类别，每年进行四次评估，为那些为其他房东树立了热情好客榜样，为每位客人提供了非凡体验的房东授予“超赞房东”身份。成为超赞房东的标准如下：

（1）至少完成了 10 次旅程。

（2）回复率保持在 90% 或以上。

（3）预订取消率不超过 1%（即每 100 笔预订最多取消 1 次，符合特殊情况政策的除外)。

(4)整体评分保持在4.8分或以上。

超赞房东在爱彼迎站内搜索、电子邮件推广等内容中获得优先排名。爱彼迎设有专门的筛选条件，让客人能专门搜索超赞房东的房源，并获得个人资料徽章。这个徽章象征值得信赖的待客之道，网站上的客人都能一眼看到(图9.2)。

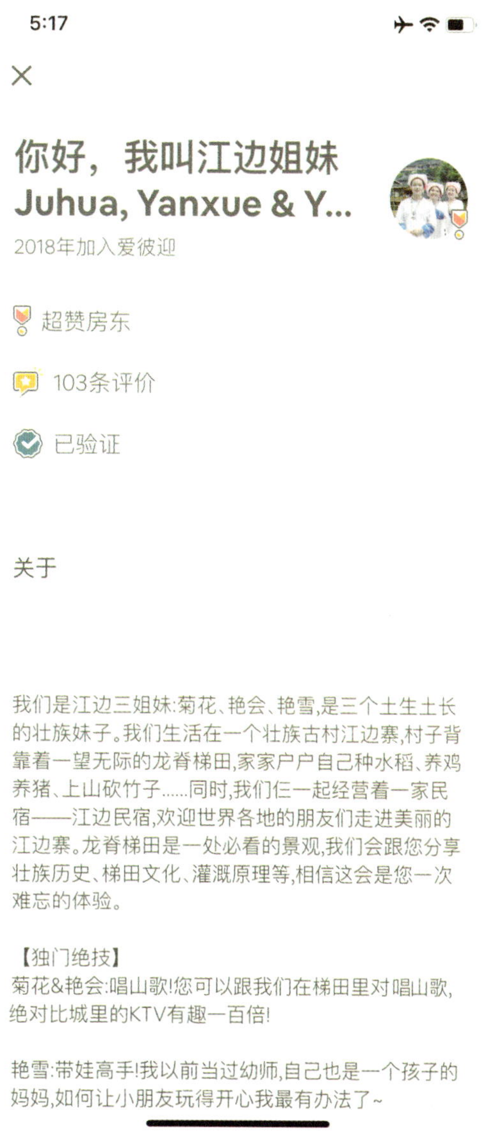

▲ 图9.2 爱彼迎房东页面“

4. 新房源

为了确保新手房东能走好第一步，在房源新上线的一段时间内，平台会给予新房源优待，将房源在搜索结果中排名前置以吸引更多的客人。

5. 拒绝预订的频率

预订取消会极大地影响客人的旅程，因此各大平台对取消预订都会比较严厉，在爱彼迎平台上，房东拒绝预订的频率也会影响到房源的排名。

除了影响排名，为了保证客户的住宿体验，爱彼迎等民宿平台还会针对取消预订，有以下惩罚措施：

(1)房东取消的自动评价。如果房东在房客入住日期前取消预订，系统将在房东的房源页面发布一条自动评价，说明房东曾取消过预订。这类评价无法删除，但房东随时可以公开回复该评价，说明需要取消预订的原因。

(2)客人评价。如果房东在房客入住当天或之后取消预订，客人仍将可以在你的房源页面撰写公开评价。

（3）屏蔽预订日历日期。

被取消的预订日期在房东的日历上会保持被屏蔽状态，在这段时间内房东无法在爱彼迎上接受其他预订。

房东取消预订的主要原因之一是房源的预订日历日期没有反映房源的实际可订状态，因此民宿方需要及时更新自己的预订日历和房源信息，以便客人确信民宿方可以在他们选择的日期出租房源。如果民宿方在多个平台上线了民宿，可以考虑使用一些免费的酒店管理系统工具，帮助控制所有预订申请，使其不会发生时间冲突。

总之，除非绝对有必要，否则请避免取消已确认的预订。一旦民宿方确认了预订，客人就会信任民宿方会完成他们的预订以及民宿方承诺提供的任何额外服务。如果出于某些原因民宿方必须取消已确认的预订，请记住以下几点：

- 如果要取消预订，请尽早告知客人。这可以让他们有时间寻找新的住处；
- 在平台上取消预订以启动客人退款流程；
- 如果认识所在地区的其他房东，可以考虑问问他们是否能接待客人，并主动介绍一下情况。

（二）民宿展示名称

民宿名字不仅仅是一个名字符号，也代表着民宿的形象，是影响浏览量和转化率的重要因素。民宿起名字的原则包括以下几条：

（1）简洁明快，朗朗上口。命名时应以二字、三字为佳，简短精练的名称便于给顾客留下记忆，以便顾客慕名而来。

（2）赋予名称美好的寓意。

（3）凸显地方特色，明确服务特征。

（4）让宾客有温馨惬意之感。

在爱彼迎等民宿平台上，同一民宿中的不同房源都以独立的页面在平台上排名展示，起名时建议在最短的字数中，展示房源特色、地理位置等（图 9.3）。

▲ 图 9.3　起名示例

（三）图片

图片是房客了解房源最直接的渠道。良好的房源图片，能够提升浏览量，也能够扩大转化率。建议对房源外观、床、卫生间、厨房、房源细节等上传多张高品质且附带说明的真实房源照片。想要拍摄到出色的照片需要以下技巧：

1. 干净利落

客人喜欢那些在照片中看起来干净整洁的房源。清除杂物，把所有物品归置好，这可以让房源呈现出最佳状态。

2. 增强房内光线

好的光线可以让照片看起来更专业，并且能够吸引旅行者。白天拍照时把所有的灯都打开，窗帘全部拉开，可以让拍照效果更好。

3. 拍摄高品质的照片（展示合格照片）

爱彼迎平台不接受分辨率低于 1024×683 像素的照片，每寸要达到 300 像素，分辨率低于该水平的照片往往较模糊或粗糙。大多数智能手机摄像头都能做到这一点，但推荐使用更专业的照相机（图 9.4）。

▲ 图 9.4　民宿图片示例

4. 展现个性

展示房源中的宠物、餐食、拍摄者自己、每个房间。

5. 使用横图格式

垂直照片在网站上显示效果较差。

6. 拍摄到一个角落

这个方法可以帮助拍摄者拍摄到更开阔的空间，并能增加照片的层次感。角落可以给人一种远景感。

7. 照片拍摄的四点建议

（1）让房间有光线。

（2）从角落拍摄。

（3）打扫屋子。

（4）从屋外拍摄。

（四）房源信息

爱彼迎等民宿平台给予民宿主人个性化撰写房源信息的权利。为了帮助客人决定房源是否符合他们的需要，请详细描述房源。尽量不要过分吹嘘或夸张，因为管理客人期望也是房源描述的重要组成部分。客人往往会对那些拥有150个字以上的、准确、详细描述的房源给予更好的评价（图9.5和图9.6）。

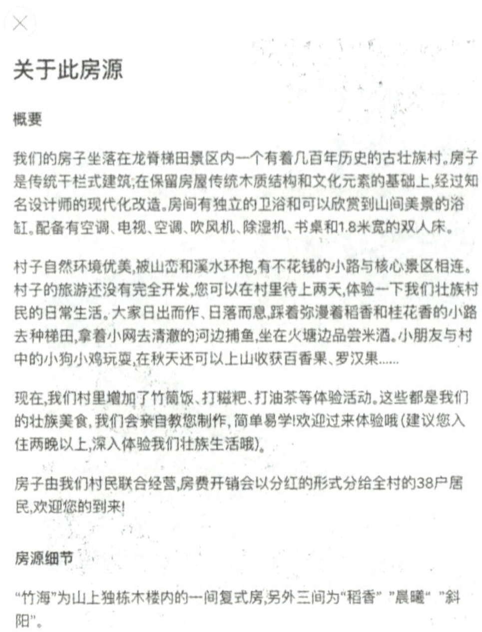
关于此房源

概要

我们的房子坐落在龙脊梯田景区内一个有着几百年历史的古壮族村。房子是传统干栏式建筑;在保留房屋传统木质结构和文化元素的基础上,经过知名设计师的现代化改造。房间有独立的卫浴和可以欣赏到山间美景的浴缸。配备有空调、电视、空调、吹风机、除湿机、书桌和1.8米宽的双人床。

村子自然环境优美,被山峦和溪水环抱,有不花钱的小路与核心景区相连。村子的旅游还没有完全开发,您可以在村里待上两天,体验一下我们壮族村民的日常生活。大家日出而作、日落而息,踩着弥漫着稻香和桂花香的小路去种梯田,拿着小网去清澈的河边捕鱼,坐在火塘边品尝米酒。小朋友与村中的小狗小鸡玩耍,在秋天还可以上山收获百香果、罗汉果……

现在,我们村里增加了竹筒饭、打糍粑、打油茶等体验活动。这些都是我们的壮族美食,我们会亲自教您制作,简单易学!欢迎过来体验哦(建议您入住两晚以上,深入体验我们壮族生活哦)。

房子由我们村民联合经营,房费开销会以分红的形式分给全村的38户居民,欢迎您的到来!

房源细节

“竹海”为山上独栋木楼内的一间复式房,另外三间为“稻香”“晨曦”“斜阳”。

▲ 图9.5　房源信息示例

尽量多提供和客人相关的准确信息。例如，是否有室外浴室、公共厨房，或者附近的私人小店、街道、酒馆是不是会产生噪声。客人可能还想了解他们可以使用的无线网络和设备。这些细节可以帮助客人决定是否预订该房源。请提及客人可以使用的所有区域，以及这些区域是否需要与其他客人或居住者共享。例如，休息室、浴室、厨房和后院。

出行信息非常重要，因为出行交通便利与否通常会帮助客人决定是否预订房源。请提及客人到达或离开房源时可以乘坐的各种公共交通工具。请描述房源与机场、公交车站或火车站的距离。此外，请提及客人从机场、公交车站或火车站出行的方式，包括小巴、出租车等。

▲ 图 9.6　位置示例

如有必要，主动提出在安全地点与客人会面，并护送他们至民宿，尤其是当他们看起来紧张（基于他们抵达的时间或特定地点）或者你认为他们的安全会受到损害时。请牢记因年龄、携带婴儿车或残障人士用品等情况产生的无障碍需求。

如果民宿在提供房源信息的准确性方面收到了大量较低的评分，这将影响民宿的整体评价，并将让其他人打消预订该房源的念头。

（五）回复信息速度

无论客人是否预订了你的房源，当客人联系你时，请尽快回复。这能体现出你是一名热情且细心周到的房东。如果你的房源不可租，或者旅行者不能遵守你制定的《房屋守则》，请务必尽快拒绝他们的预订申请。最好给他们发消息解释原因，以便他们理解。

（六）营销工具

各大民宿预订平台为房东开发了多种营销工具，房东可以通过参与营销促销工具，使得房价更有吸引力，甩卖尚未卖出的空房（图 9.7）。

▲ 图 9.7　营销示例

三、思考

解释爱彼迎超赞房东计划。

责任编辑：李冉冉
责任印制：冯冬青
封面设计：Airbnb 爱彼迎

图书在版编目（CIP）数据

现代乡村民宿经营与管理实务 / Airbnb 爱彼迎中国专家委员会著 . -- 北京 : 中国旅游出版社 , 2020.1（2023.7 重印）
ISBN 978-7-5032-6402-3

Ⅰ. ①现… Ⅱ. ① A… Ⅲ. ①乡村旅游 - 旅馆 - 经营管理 - 中国 Ⅳ. ① F726.92

中国版本图书馆 CIP 数据核字（2019）第 272834 号

书　　名：现代乡村民宿经营与管理实务

作　　者：Airbnb 爱彼迎中国专家委员会著
出版发行：中国旅游出版社
（北京静安东里 6 号　邮编：100028）
http://www.cttp.net.cn　E-mail: cttp@mct.gov.cn
营销中心电话：010-57377103，010-57377106
读者服务部电话：010-57377107
排　　版：北京中文天地文化艺术有限公司
印　　刷：北京金吉士印刷有限责任公司
版　　次：2020 年 1 月第 1 版　2023 年 7 月第 2 次印刷
开　　本：787 毫米 ×1092 毫米　1/16
印　　张：8
字　　数：123 千
定　　价：58.00 元
I S B N　978-7-5032-6402-3
